우리를 위해_____십자가 위에서 돌아가신 우리 주님!
주님께 찬양과 경배 드리세.

예 수 님 의 십 자 가 의 고 난

십자가의
길을가자

왜 그리 하셨는지요

찢기신 몸, 가시 면류관, 피 흐르는 못 박히심, 창에 찔려 흐르는 피, 고통. 왜 그리하셨는지요? 왜 그리 하시어 십자가 위에서 우리를 위해 죽음의 고통을 당하셨는지요?

그 저주의 형틀, 그 십자가에서 내려오실 수 있으심에도 왜 그리 내려오시지 않으시고, 죽음의 고통을 당하셨는지요? 왜 그리하셨는지요?

버러지 같은 저를 버리시면 될 것을. 왜 저를 버리시지 않으셨는지요? 왜 저를 버리시지 않으시는지요? 늘 주님을 배반하고 사는 저를 주님께서는 왜 저를 기억하시는지요?

주님! 주님의 사랑은 한없고 늘 크시거늘 저는 늘 주님을 떠나 세상의 어두움 가운데서 늘 방황합니다. 주님! 이 죄인을 받으시고 거두소서. 주님의 그 사랑으로 저를 안으소서.

주님! 제가 주님께 돌아갑니다. 주님의 그 사랑이 너무 커 주님 앞에 엎드려 눈물 흘립니다. 주님! 이 죄인을 받으소서. 이 죄인을 용서하소서.

주님! 이제는 제 일생 주님 한 분만을 섬기며 살리오니, 주님! 이 죄인을 받으시고 용서하소서. 주님 한 분만을 섬기오리니, 주님! 이 죄인을 용서하시고 받으소서. 아멘.

예 수 님 의 십 자 가 의 고 난 묵 상

예수님의 십자가의 고난 묵상

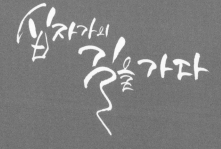

내가
그리스도와 함께
십자가에 못 박혔나니
그런즉 이제는
내가 사는 것이 아니요.
오직 내 안에 그리스도께서 사시는 것이라.

이제 내가 육체 가운데 사는 것은
나를 사랑하사 나를 위하여
자기 자신을 버리신
하나님의 아들을 믿는
믿음 안에서 사는 것이라.

- 갈라디아서 2장 20절 말씀 -

주님은

얼마나 아프셨을까?

주님은

얼마나 고통스러우셨을까?

주님은

십자가 위에서 피 흘리시며 운명하셨네.

그리고

사흘 만에 부활하셨지.

우리에게

부활의 소망을 보여주셨네.

- 주님은 -

주님께서

너를 보내신 길을 보아라.

거기엔 고난과 슬픔과 고통이 함께 있으리니.

주님의 영광 또한 그곳에 있으리니.

걱정하지 말아라.

두려워하지 말아라.

주님께서 너를 보내신단다.

주님께서 너와 함께하신단다.

이 모든 것이 주님의 계획으로 이루어진 것이니

사랑하는 아이야!

주님께서 너와 함께하신단다.

주님께서 너를 인도하신단다.

이 모든 것은 주님께서 계획하신 일이란다.

네 뜻대로만 되는 것이 아니란다.

겸손하고 낮아져서 주님을 바라보아라.

주님께서

널 인도하심을 보게 되리라.

- 주님께서 너의 길 인도하시리니 -

새번역
사도신경

나는
전능하신 아버지 하나님,
천지의 창조주를 믿습니다.

나는
그의 유일하신 아들,
우리 주 예수 그리스도를 믿습니다.

그는
성령으로 잉태되어
동정녀 마리아에게서 나시고,
본디오 빌라도에게 고난을 받아
십자가에 못 박혀 죽으시고,
장사된 지 사흘 만에
죽은 자 가운데서 다시 살아나셨으며,
하늘에 오르시어
전능하신 아버지 하나님 우편에 앉아 계시다가,
거기로부터 살아 있는 자와 죽은 자를
심판하러 오십니다.

나는
성령을 믿으며,
거룩한 공교회와 성도의 교제와
죄를 용서받는 것과
몸의 부활과 영생을 믿습니다.
아멘.

- 사도신경은 전통적인 교회의 신앙고백입니다 -

예수님의 십자가의 고난 묵상

십자가의 길을가자

길___을 가다

십자가의 길을가자

일곱의 기도 시편

겸손과 온유와
인내를 다하여 사랑으로
서로 너그럽게
대하십시오

에베소서 사장에서

난 주님을 믿네.
십자가 위에서 날 위해 희생하신
주님의 그 크신 사랑을 믿네.

주님은 우리를 위하여 십자가 위에서

그 보배로운 피 흘리셨지

흠 없는 어린 양의 피로

우리의 죄를 속해 주셨네

주님은

주님은 십자가에 달리셨네.
추악하고 더러운 나의 죄 때문에.
내가 지은 나의 죄 때문에
주님께서 날 위해
십자가 위에서 돌아가셨네.
머리엔 가시관 쓰시고
손과 발에는 대못을 박히셨지.
주님은 죄 없으신 하나님의 어린 양!
속죄제물이 되시어
우리를 위하여 십자가에 못 박히셨네.
십자가 위에서 죽임을 당하셨네.
주님은 우리를 위하여 십자가 위에서
그 보배로운 피 흘리셨지.
흠 없는 어린 양의 피로
우리의 죄를 속해 주셨네.
난 주님을 믿네.
십자가 위에서 날 위해 희생하신
주님의 그 크신 사랑을 믿네.

나는

나는 그러리라.
주님의 그 사랑을 전하리라.

주님의 그 크신 사랑을 알기에
주님께서 이 세상에 오시어
이 낮고 천한 이 세상에
인간의 몸을 입고 오시어
우리를 위하여 십자가에 몸 버려 피 흘리셨으니
그분의 사랑을 전하다가 가리라.
내 일생 그분의 사랑만을 전하다가 가리라.

나는 정녕 그러하리라.
그분의 은혜와 사랑을 전하며 살리.
날 위해 오신 그분의 그 크신 사랑을.
늘 울어도 끝이 없는 주님의 그 크신 사랑!
그분의 사랑을 전하다가 가리라.
그분의 은혜와 그 크신 사랑을 전하다가
나 주님께로 돌아가리라.

나는 그렇게 살다가 가리라.
영원히 불러도 끝이 없는 주님의 사랑
끝없이 부르고 불러도 또 끝이 없는 주님의 사랑
그 사랑만을 전하다가 주님께 돌아가리라.
주님의 은혜 가운데 그렇게 살다가 주님께 돌아가리라.

주님처럼

주님처럼 그 십자가의 길, 그 고난의 길을 걸어갈 준비가 되셨나요? 주님께서 우리 위해 걸어가신 고난의 길, 십자가의 그 길을. 주님께서 걸어가신 길은 온유와 겸손의 길, 수많은 사람들을 구원하기 위해, 주님께서 십자가 위에서 피 흘리신 고난의 길. 그 길을 걸어갈 준비가 되셨나요.

주님이 걸어가신 길, 십자가의 길, 그 길은 주님께서 저주의 십자가 위에서 피 흘리신 고통과 죽음의 길, 주님의 그 길을 따를 준비가 되셨나요? 주님께서 십자가의 길 걸어가심은 우리를 살리시기 위함. 그분께서 가신 길은 고난과 고통의 길. 눈물 없인 못가는 길.

우리에게도 늘 그 어려움이 곁에 있죠. 주님을 위하여 걷는 길. 이 길이 고난의 길이며 고통의 길임을 아시나요? 그러나 결국 그 길이 삶의 길이며, 행복의 길임을 아시나요?

주님께서 우리 위해 십자가의 길 걸으셨죠. 우리를 죽음에서 건져내기 위하여, 우리를 죄와 죽음에서 살리시기 위해 십자가 위에서 피 흘리시며 죽임을 당하셨죠.

주님을 따르는 길, 주님을 위하여 걷는 길. 그 길은 고통과 죽음의 길, 슬픔의 길. 십자가를 지고 주님을 따르는 길. 이 길만이 진정 삶의 길, 행복의 길임을 아시나요?

꿈에 그리는 교회

난 어제 밤 꿈을 꾸었네.
천국 같은 교회의 모습을 보았네.
교회의 발걸음을 드는 순간, 아늑해 보였고
성도들은 예배를 드리고 있었지.
사람들은 서로 존중했고
교회의 지도자에 대하여도 무한 신뢰했지.
서로 존중했으며, 경건하게 예배와 찬송을 드리었네.

건물은 대학처럼 웅장하지 않았지만
그 안에는 많은 성도들이 앉아
함께 예배를 드리고 있었네.
성도들은 모두 평화로웠고
주일학교는 율동으로
주님을 찬양하는 모습을 보았네.

바깥의 경치 또한 아늑했고
농촌의 전원풍경으로
사면이 높은 산으로 둘러싸인 그곳
내려 보이는 평원엔 황금 들녘이 자리 잡고 있었지.

너무나 아름다운 그 평원엔
작은 바위 언덕과 강물과 청 보리밭이
어울려 유유히 흐르고 있었지.

그 모습들이 너무나 아름다워
풍경을 담지 못한 아쉬움에
미니카메라로 몇 장의 사진을 찍으며

정든 이와 이별의 아쉬움을 뒤로 하며
길을 갔었네.

나는 이 꿈에 그리던 교회
다시 만날 수 있을까?

하루 세 시간씩만 기도하면

내가 매일 하루 세 시간씩만
주님께 기도하며 간구하면
주님께서 이 모든 것 다 이루어주실 텐데
나는 왜 늘 여기서 머뭇거리고 있지?

하루 세 시간씩만 늘 기도하면
주님께서 내 모든 것 다 아시고
주님께서 나의 길 주님의 길로 날 인도하실 텐데
왜 나는 늘 기도 시간에 인색하지?

회개가 없으니 주님의 뜻을 저버리고
회개가 없으니 늘 주님의 길 가는 것
또 잊어버리고 사네.

주님의 그 사랑을 늘 전하리라
늘 그렇게 생각하며
또 주님의 길 따르는데
지금 내게 주님은 저 멀리 잊혀 보이고
또 길을 가다 세상의 화려함을
바라보고 서 있네.

언제쯤 나는 이길 벗어나려나.
하루 세 시간만 기도하면
주님께서 날 인도하심을 보게 될 텐데.

가난한 영혼 길 잃은 영혼
주님께서 찾으시는 영혼 보이겠는데.
나는 아직 머뭇거리고 있네.
언제쯤 주님만을 바라보려나.

주님! 이 죄인을 용서하소서.
불쌍히 여기소서.
주님의 뜻을 제게 보이소서.
주님! 주님만 섬기며 살겠나이다.
주님! 저를 인도하소서.

하루 세 시간만 기도하라고
주님께서 말씀하시네.
내 젊은 때 그때처럼
하루 세 시간씩만 기도하라고 말씀하시네.

이제는 그렇게 살리.
기도하며 살리.
주님께서 인도하시는 그 곳
그때와 시간, 그 목적지를 알리.

늘 하루 세 시간만 기도하면
주님께서 내 가는 길 깨닫게 하시리니
그분과 함께 내 일생을 살게 되리.
늘 즐거움과 기쁨으로 그분과 함께 살게 되리.

몸이 무겁고 힘든 날에도

몸이 무겁고 힘든 날에도
꼭 제가 가야할 곳이 있습니다.
오늘 하루 피곤해도
꼭 제가 들러야 될 곳이 있습니다.

늘 시간이 나면 들러서 오는 곳
바로 교회입니다.

피곤해도 꼭 가서 몸 누이고 싶은 곳
아무도 없어도 거기 가 있고 싶은 곳
주님이 계신 교회입니다.

아마 사람들은 물을 거예요.
여기도 주님이 계시고
저기도 주님이 계시는데
왜 굳이 교회를 가야 하느냐고.
그렇지만 저는 대답하지요.

내 주님을 만난 곳
내가 소리 내어 주님을 뵈올 수 있는 곳
내가 아무리 소리높이 주님을 찬양해도
사람들이 날 보고 비웃지 않는 곳.
그곳이 바로 교회라고요.
그러니 주님의 교회로 가지 않을 수 있느냐고요.

바람이 쌀쌀해도
비바람이 크게 불어도
차가운 마룻바닥에 방석 하나뿐이어도
저는 그곳에서 저의 몸을 누이지요.
주님의 따뜻한 손길을 기다리지요.

처음 주님을 만난 그곳
내 주님과 함께했던 그곳

제 마지막 여정은 늘 주님과 함께
주님이 계신 그곳에서
주님의 포근한 손길에 온몸을 누이렵니다.

나는 이런 목회자가 되고 싶습니다

주님! 저는 이런 목회자가 되고 싶습니다.
매일 매일 성경 말씀 읽고
매일 매일 주님 전에 엎드리어 기도를 드리는 사람.
매일 매일 주님께서 주신 말씀을 기뻐하며
그 말씀을 찬송하며 사는 사람.
주님! 그렇게 즐기던 이 세상을 벗어나
오직 주님 한 분만을 기뻐하는 사람.
주님께서 십자가 앞에 달려 돌아가시기까지
제자들에게 무엇을 말씀하셨는지
그것을 정확하게 아는 사람.
주님의 말씀처럼
온유와 겸손의 십자가의 멍에와 짐을 짊어지고
매일 주님 한 분만을 품을 줄 아는 사람.
주님! 그렇게 사는 목회자가 되고 싶습니다.

주님! 저는 이런 삶을 살고 싶습니다.
기도의 오묘함을 알아
매일매일 주님의 도우심을 구할 줄 아는 사람.
주님께서 받으셨던 사탄의 시험처럼

재물과 명예와 빵에 대한 범죄와 유혹을 알아
주님께서 가르치신 교훈처럼
너무 부하지도, 가난하지도 않게 정직하게 사는 사람.
혹 너무 부하여 주님을 모른다 할까 하오며,
혹 너무 가난하여 이웃의 재물을 도둑질할지 모른다는
성경말씀을 교훈으로 삼아, 그 말씀을 마음속에 품으며
매일매일 그렇게 기도하며 살고 싶습니다.

주님! 저는 이런 모습의 목회자로 살고 싶습니다.
기도할 때마다 주님의 도우심을 경험하고
주님의 말씀의 오묘함을 깨달을 줄 아는 사람.
낙타 무릎이란 별명을 얻거나
기도를 밥 먹듯이 한다는 이야기를 들어도
그래도 기도를 쉬지 않는 사람.
오직 이 나라에 대한 주님의 뜻을 구하며,
혹 주님께서 내 기도를 들어 응답하심으로
이 나라를 구할 수 있다는 믿음을 가진 사람.
저의 일생을 주님께 맡겨

주님과 더불어 사는 삶을 즐기는 사람.

주님! 저의 모습은 참으로 슬프고 힘들어도
주님께만은 늘 이런 모습으로 살고 싶습니다.
성도의 가슴속에 꼭 필요한 주님의 사랑을 알아
소망의 삶을 살며, 삶의 의미를 정확히 알고 있는 사람.
자주는 아니지만, 가끔은 말씀과 기도 중에
분명하게 주님의 뜻을 인지하는 사람.
성도의 가슴속에 응어리진 삶의 고난과 슬픔과 고통
그 의미를 이해하고 사랑할 줄 아는 사람.
주님께서 온화하게 주님의 음성을 들리신다하더라도
주님께서 함께하시고 계심을 분명히 깨달아 아는 사람.

주님! 저는 능력이 부족합니다.
주님! 주님의 허락하심이 아니고는
그 어느 것도 이루어질 수 없습니다.
주님! 제가 주님을 사모하오니,
주님! 저와 함께하시옵고,
주님! 저를 주님의 품으로 인도하여 주옵소서.

그리하여 주님께서 저와 함께하신다는 사실을
제가 분명히 깨달아 알도록 허락하옵소서.
제가 주님을 사랑하고 또 사랑하오니
주님! 저의 일생이, 오직!
주님의 품안에 있도록 허락하옵소서.

몸이 무겁고 힘든 날에도
꼭 제가 가야할 곳이 있습니다.
오늘 하루 피곤해도
꼭 제가 들러야 될 곳이 있습니다.

일러두기

1. 〈책의 형태〉 이 기도 문집은 기도문의 표본이라기보다는 성도의 신앙과 믿음의
   생활을 돕기 위하여 예수님의 십자가에 대한 묵상과 기도문을 쉽게 읽을 수 있
   도록 시적 형태로 편집하여 발간한 신앙생활 도움서입니다. 성도들이 직장에서
   성경을 내어놓고 읽기가 어렵다는 점을 생각하여 틈틈이 한줄 기도문을 읽고
   믿음을 되새김질 할 수 있도록 주제별로 정리해 놓았습니다.

2. 〈기도문의 형식〉 이 책의 기도문은 가능한 한 일반적인 기도문의 형태인 시편
   을 따르려고 노력하였으나, 기도문 외에도 신앙고백적인 시적 형태의 기도문이
   실려 있습니다. 이 책을 읽는 독자들의 믿음생활에 도움이 되기를 바라는 마음
   에서 함께 실은 것입니다. 다만, 기도문의 끝 부분에 '아멘'이나, '예수님의 이름
   으로 기도드립니다.'라는 기도를 마무리할 때의 구체적인 형식을 굳이 보이지
   않은 것은, 기도문의 뒷부분에 이러한 마무리 기도문의 형식이 생략되어 있다
   고 이해하면 될 것입니다.

3. 〈책의 발행 가액〉 이 책 발간이 오로지 성도들의 믿음의 성장을 돕는데 그 목적이 있는 만큼, 이 책을 쉽게 구입할 수 있도록 최소한의 가격으로 발행하도록 노력하였습니다. 이는 성도들이 책의 구입 대금으로 인한 부담 때문에 쉽게 기도문을 접하지 못하는 어려움을 해소하기 위한 일련의 노력이기도 합니다. 이 책을 통하여 독자 여러분의 신앙이 더욱 성장할 수 있는 기회가 되기를 바라는 마음 간절합니다.

4. 〈이 책의 이용〉 이 책은 성경이 말씀하시는 오로지 본래적인 복음의 목소리에 귀를 기울이고 있습니다. 주님의 도우심의 손길을 구하는 기도에 구체적인 여러분의 목소리로 소리 내어 주님께 말씀드려 보시기 바랍니다. 기도문을 소리 내어 읽으며, 그 기도 소리에 여러분의 귀를 기울여본다면, 아마 여러분의 신앙생활에 큰 도움이 되리라고 기대해 봅니다.

목차

목차

예수님의 십자가의 고난 묵상

십자가의 길을가자

길＿＿하나

PART

<u>1</u>

십자가의 길을가자

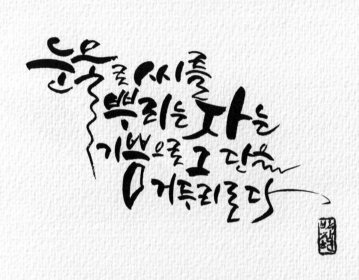

눈물로 씨를 뿌리는 자는 기쁨으로 그 단을 거두리로다

주님이 가신 길

당신은 걸어보았나요?
주님께서 걸어가신 십자가의 길을.
당신은 바라보았나요?
십자가 지시고 골고다 언덕길 오르신 주님을.
주님을 사모하는 마음
지금 내 가슴 속에 가득해.

고난으로 울먹이시며 골고다 언덕길
오르시는 주님의 십자가의 길
그분의 고난, 그분의 오해받음
그대는 바라보았나요?

주님께서 날 인도하시니
주님의 얼굴 뵈오며
내가 주님을 사모하며 사노라네.
주님! 저를 인도하소서.

이 부끄러운 죄인! 주님 발 앞에 엎드리오니
주님! 저를 붙잡으소서.

저를 불쌍히 여기시고,
저의 길 인도하소서.

이 부족한 죄인!
주님을 섬기며 살기를 바라시니
주님께서 걸어가신 그 길 따르려네.

주님! 저를 인도하소서.
주님께서 가신 길, 골고다의 언덕길, 십자가의 길,
주님의 고난.
무거운 고통의 십자가지시고
한 걸음 한 걸음
오르시던 십자가의 길.

주님께서 날 인도하시니
내가 주님을 사모하며 사네.
내가 주님을 의지하며 사네.
주님! 저를 보호하소서.
주님! 저를 주님의 길로 인도하소서.

십자가의 주님을

십자가 위의 주님을 내가 사랑함은
주님께서 날 위해 희생하시고
나를 죄악에서 건져내심.

주님께서 그 크신 사랑으로
우리를 위해 희생하셨으니
주님 앞에 무릎 꿇고
주님께 나아가는 우리들을 사랑하심.

주님께 엎드리어 비네.
주님의 도우심을.
주님의 십자가 앞에 엎드려
주님께 간구하네.
주님께서 날 사랑하시고 날 인도하심을.

내가 주님을 사랑함은
주님께서 날 인도하심.
주님께서 십자가 위에서 희생하시니
내가 죄에서 건짐을 받네. 구원함을 얻네.
주님! 저를 용서하소서.
저를 죄악에서 건져내소서.

주님께서 저의 하나님이 되시니

제가 주님께 엎드리어 간구합니다.
주님! 저를 이끄소서.
주님! 저를 주님의 길로 인도하소서.

주님! 저를 인도하시는 주님!
저에게 주님의 길 베푸소서.
주님! 저와 함께하시는 주님!
저의 가는 길!
주님께서 기뻐하시는 길 되게 하소서.

주님! 제가 주님을 따르므로
주님께서 저의 인생의 길 지도하소서.
주님을 섬기는 길로
저의 인생의 길 걸어가게 하소서.

주님의 고난

얼마나 아프셨을까? 주님은.
두 손과 발, 대못이 박히셨네.
아무도 따라 걷지 못한 길.
두 손과 발, 날 위해 십자가에 못 박히셨네.

온 몸엔 우리 대신 질고를 지고
전갈 채찍을 맞으셨지.
가시관을 쓰신 얼굴에 흐르는 피
얼마나 고통스러우셨으면,
"엘리 엘리 라마 사박다니"
"아버지 아버지 어찌하여 나를 버리셨나이까?"
그렇게 외쳐 부르셨을까?

다 알 수 없네. 주님의 뜻을.
우리와 같은 죄인을 구원하시기 위해
몸 버리신 주님의 뜻을
다 알 수 없네.

주님! 제가 주님을 사랑합니다.
주님! 저를 인도하소서.

주님의 길로, 주님의 은혜로
주님만을 위하여 살게 하소서.

주님! 주님께서 걸어가신 십자가의 길
주님! 주님께서 지고 가신 고난의 십자가
주님! 제가 잊지 않고 항상 간직하게 하소서.

분냄과 성냄을 버리고, 온유와 겸손으로
주님께서 가신 십자가의 길 따라
주님을 섬기며 살게 하소서.
주님의 길, 십자가의 길 따라 걷게 하소서.

주님의 길

주님께서 걸으셨던 골고다 언덕 길
그 길을 제가 보옵니다.
주님께서 오르셨던 십자가 언덕길
그 길을 제가 바라보옵니다.

로마 군인들의 채찍과 조롱에
주님께선 말없이 고개를 떨구셨죠?
표적과 이적들을 나타내시고 행하시어
하나님의 나라를 이 땅에 나타내신 주님!
주님의 위대하신 사랑을 제가 보옵니다.
온 세상의 인간을 죄악에서 구원해내시기 위해
주님의 몸을 친히 이 세상에 내어주셨죠.
주님! 주님의 그 크신 사랑을 제가 보옵니다.
주님의 그 크신 은혜에 감사와 찬송을 드립니다.
주님! 영광 받으소서.

주님! 저와 함께하소서. 저를 인도하소서.
주님만이 진실로 위대하신 하나님이시오니
주님만이 친히 저의 하나님이 되시며,

주님만이 저의 인생의 주인이 되심을 믿습니다.
주님! 저와 함께하소서.

주님! 저희들이 어찌 다 알겠습니까?
주님의 그 크신 희생과 사랑을
주님께서 저희들을 위하여 몸 버리시어
죽기까지 저희들을 사랑하신 주님의 그 크신 사랑을.
주님께서 서 계시던 그 자리, 그 언덕에는
머리에는 가시관과 온 몸에는 전갈채찍 자국뿐!
손과 발은 대못에 박히시어
죽기까지 고통당하신 주님의 몸!
허리에는 창에 찔려 물과 피를 쏟으셨죠.
주님의 그 몸소 당하신 고통을
주님! 저희들이 어찌 다 이해할 수 있겠습니까?

로마 군병들의 핍박과 조롱에도
주님께서는 말씀하시지 않으시고 다만 침묵하셨죠?
주님이 인류의 구세주라는 그 진리를 알지 못하고
그들이 온갖 조롱과 핍박을 다할 때

주님께서는 말없이 묵묵히 그 고난을 견뎌내셨죠.

주님! 저희들이 어찌 다 알 수 있겠습니까?

주님! 저희들이 어찌 다 이해할 수 있겠습니까?

주님만이 유일한 우리의 구주이시며

주님만이 우리를 죄악에서 건져내실 분이시라는 사실.

주님께서는 아무 말없이 골고다 언덕길 오르시어

이 낮고 낮은 세상에서 이 천하디 천한 세상에서

십자가 위에 못 박히시고 피 흘리시며

친히 육체의 찢어지는 고통을 감내하셨음을

죽음까지도 감당하셨음을

주님! 부끄럽게도 저희들은 그 진리를 깨닫지 못합니다.

주님! 이 부끄러운 저희들을 보옵소서.

죄악에 빠져 어두워진 저희들을 보옵소서.

저희들은 죄악으로 눈이 어두워 주님을 깨닫지 못하오니

주님! 저희들을 살피소서.

주님! 저희들을 불쌍히 여기소서.

저희들을 이 악한 세상의 죄악에서 건져내시어

이 부끄러운 죄악을 저희들이 회개하게 하옵소서.

주님! 주님께서 저희들을 친히 이 죄악에서 건져내소서.
주님! 저희들이 주님께 회개하는 모습을 보시어
주님! 저희들을 받으시고 구원하소서.

저희들의 부끄러운 모습을 용서하소서.
저희 죄악을 사하소서.
이 부끄럽고도 보잘 것 없는
저희들을 불쌍히 여기시고 죄악을 사하시어
주님! 저희들을 주님의 품으로 인도하소서.

위대하시고도 거룩하시며, 지극히 위대하신 주 하나님!
주님께서 고통당하시며, 운명하시며
십자가에 못 박히셨던 그 자리!
그곳을 제가 바라보며 홀로 울고 서 있사오니
주님! 저를 불쌍히 여기소서.
이 더럽고 추한 죄악의 세상에서 저를 건지소서.

십자가 위에서 물과 피를 쏟으시며
친히 저희들을 위하여 고통당하신 주 하나님!

주님께서 저희들의 모든 것을 다 아시고 보시며
저희들을 주님의 길로 인도하시니
주님! 저희들이 주님의 이름을 높여 부릅니다.
주님께 감사와 찬송을 드립니다.
주님! 찬미 받으소서. 주님! 영광 받으소서.

위대하시고도 위대하신 주 하나님!
저희들을 주님께로 인도하소서.
저희들의 고통과 눈물을 거두시고
저희들을 주님이 계신 그곳으로 인도하소서.
주님을 따르며, 주님을 섬기며
주님이 걸으셨던 골고다 언덕길!
온유와 겸손으로 띠 띠며
주님께서 친히 걸으셨던 그 십자가의 길을
주님! 저도 따라갈 수 있도록 허락하옵소서. 아멘.

십자가의 주 하나님

주 하나님께서 십자가에 못 박히셨네.
낮고 천한 인간의 몸을 입으시고,
사람이 되신 주님께서 십자가 위에서
고난 당하셨네. 죽임 당하셨네.

고통과 슬픔, 사람들의 오해 가운데
십자가 위에서 운명하셨네.

주님은 하나님의 외 아드님이심에도
친히 십자가에 못 박히시고 창에 찔리시어
물과 피를 흘리시니.
주님의 그 크신 사랑!
내 가슴에 저미어 오네.

주님께서 당하신 고난
주님께서 십자가에 달리심은
날 위해 희생당하심.

아무 흠과 죄가 없으신 주님의 몸이

우리의 죄악과 질고를 대신 짊어지시고

십자가에 못 박히셨네.
주님! 저희들을 보옵소서.
저희들을 불쌍히 여기소서.
이 죄악 많은 영혼이 주님을 우러러뵈오니
주님이시여! 존귀와 영광과 찬미 받으소서.
주님이시여! 감사와 찬송 받으소서.

주님! 저희들이 주님을 우러러뵈오니
주님! 저희들에게 자비 베푸소서.
이 세상에 빛이셨고,
어둠을 밝히시는 등대가 되신 주님!
십자가 위에서 두 손과 발 못 박히시니,
저희들의 가슴 또한 주님의 십자가에 못 박힙니다.

주님! 주님께서 흘리신 물과 피!
주님 자신의 몸을 친히 화목제물로 드리심으로
저희들이 거룩하신 주 하나님께

나아갈 수 있게 되었사오니
주님! 주님께 감사와 찬송, 존귀와 영광 드립니다.

주님께서 이 낮고 천한 세상에
인간의 몸을 입고 오시어
친히 십자가 위에서 고난 당하시니,
주님의 그 크신 사랑과 은혜, 늘 감사와 찬송 드립니다.

영광의 주 하나님

위대하신 영광의 주 하나님!
낮고 천한 이 땅에 오시어 친히 인간의 몸을 입으시고
우리를 위해 십자가에 못 박히셨네.
우리를 위해 몸 버려 피 흘리셨네.
주님! 영광 받으소서. 주님! 찬미 받으소서.
주님께 찬미와 영광을 돌리오니
주님! 영광 받으소서.

주님께서 십자가 위에서 몸 버려 피 흘리심은
날 위해 고난 당하심.
두 손과 발 못 박히실 때
얼마 아프셨을까? 주님은
머리에는 가시관과 몸에는 굵은 채찍질
주님께서는 얼마나 고통스러우셨을까?

주님께서 십자가 위에서 날 위해 피 흘리시니
주님께서 이 죄 많은 날 위해 친히 고난 당하시니
주님께서 날 위해 희생하신 그 크신 사랑을
주님! 제가 늘 잊지 않고, 주님을 찬미합니다.
주님! 주님의 이름을 늘 찬송합니다.

주님! 저를 받으소서. 이 죄인을 받으소서.
주님께서 십자가 위에서 피 흘리심은
우리 모든 인간을 위함.
주님! 저희들은 주님을 알지 못하여 방황합니다.

주님! 주님을 믿고 죄를 고백하는 이에게
주님께서 죄 사함의 복을 허락하시니
주님! 제가 주님을 사랑합니다.
주님의 이름을 늘 높이 찬미합니다.

주님! 저를 인도하소서.
주님! 저와 함께하소서.
주님은 위대하신 우리 주 하나님이시오니
주님이시여! 주님의 뜻, 온 세상에 나타내소서.
주님께서 십자가에 피 흘리신 그 사랑을
저희들이 늘 잊지 않고 기억하게 하옵소서.

주님을 사랑하며, 주님을 의지하는 이에게
주님! 주님께서 찾아오시어 말씀하소서.
주님! 주님을 늘 찬송하며

주님을 늘 사랑하며 그렇게 살려합니다.
주님! 존귀와 영광과 찬송 받으소서. 아멘.

십자가 위의 고통

주님께서 두 손과 발 십자가에 못 박히셨네.
탕 탕 탕 군인들의 못 박는 소리
당신은 알고 있는지.
주님의 그 십자가의 고난
주님의 고난은 당신과 나를 위함이었고
주님의 십자가를 지심은
당신과 나를 죄악에서 구원하기 위함이셨으니

주님께서 고난의 십자가를 지시고
골고다 언덕길을 오르심은
많은 사람들의 조소 섞인 희롱이었네.
당신은 알는지 몰라.
주님께서 사람들로부터 버림받으심.

사람들은 그분이 하나님의 외 아드님이심을
결코 알 수 없었지.
그분이 그들의 눈을 가리우셨으니
하나님의 외 아드님이신 진실하신 그분이
결국 사람들로부터 오해받아 버림받음.

그분은 하나님의 외 아드님이심에도
그분은 극악무도한 죄인으로 취급받았지.
그분은 아무런 잘못을 저지르지 않았음에도
그분은 오로지 하나님의 외 아드님이심을
그들에게 이적과 표적으로 나타내었음에도
그들은 결코 이해할 수 없었지.

주님께서 채찍을 맞으심은 당신과 나를 위함이었고
주님께서 가시관을 쓰심은
당신과 나의 질고를 위함이셨다는 사실.
주님께서 십자가 위에서 못 박히시어 운명하시었네.
우리를 죽음에서 건져내기 위해
주님께서 십자가 위에서 물과 피를 흘리심은
당신과 나의 죄악을 속죄하기 위한 것이란 사실.
주님께서 바로 당신과 나를 구속하셨네.
그분의 그 크신 사랑을
당신도 알게 되기를 기도하네.

주님의 십자가의 고난

주님께서 당하신 십자가의 고난
두 손과 발, 십자가 위에 못 박히시었네.
주님께서 십자가를 지시고
골고다 죽음의 언덕길 오르시기까지
넘어지시고 또 지치시어 쓰러지셨네.
로마 군병들의 창과 칼에 채찍질 당하시며
주님께서 골고다 언덕 길 오르시었네.
죄 없으신 몸이 우리 죄인들을 위하여
친히 험한 십자가의 길 걸어가셨네.
당신은 알는지 몰라.
주님께서 친히 십자가 위에서
우리를 위하여 운명하셨음을.
죄인들인 우리를 구원하시기 위해
십자가에 달리시어 친히 희생제물이 되시었음을.

주님은 살아계신 하나님! 위대하신 우리의 주님!
그러하심에도 친히 우리의 죄를 대속하시기 위하여
십자가 위에서 몸 버리시며 피 흘리셨지.
십자가 위에서 못 박히신 고통으로
피 흘리시며 운명하셨네.

우리를 죄에서 구원하기 위해
친히 물과 피를 쏟으시며 운명하셨네.
아무런 흠과 티가 없으셨던 주님!
주님께서 십자가를 지시고 운명하심은
우리를 죄악에서 구원해 내기 위함.
우리를 주님의 품으로 인도하시기 위함.
주님께서 친히 십자가 위에서 희생제물이 되시었네.
주님께서 우리를 위하여 십자가 위에서 운명하셨네.
우리를 죄악에서 건져내셨네.

십자가의 주님

마태복음 23장

십자가 위에서 손과 발을 못 박히시어 피 흘리시며
말없이 이 세상의 사역을 감당하심
주님의 그 크신 희생과 사랑을 늘 감사 찬미합니다.
주님! 영광 받으소서.
주님! 찬미 받으소서.
주님께서 십자가에 못 박히시어 운명하신 후
이 세상도 주님을 알아
해와 달도 빛을 잃어
온 천지조차 캄캄해졌습니다.

이 세상의 인간을 향하신 주님의 사랑!
주님의 목숨까지도 저희들을 위하여 내어주셨습니다.
십자가 위에서 피 흘리신 주님!
저를 받으시고, 저의 죄를 사하소서.
저희들을 위하여 친히 고난 당하신 주님의 그 사랑을
주님! 제가 울며 늘 기억합니다.
주님! 주님의 그 크신 사랑을 제가 잊을 수 없사오니
주님! 제게 주님의 사랑을 베푸소서.

주님! 제가 늘 주님을 잊지 않고,
주님을 섬기며 살게 하소서.
주님! 제가 주님을 늘 사랑합니다.
주님! 주님의 그 크신 사랑을
제가 늘 찬미하며 주님을 찬송하오니
주님! 저를 인도하소서.
주님! 저와 함께하옵소서.
주님! 저를 주님의 길로 이끄소서.
주님만이 저의 하나님이 되시오니
주님만이 오직 홀로 영광 받으소서.

속죄제물이 되신 어린 양

주 우리 하나님! 어린 양 속죄제물이 되신
위대하신 주 하나님! 찬미와 영광 받으소서.
저희들이 살아계신 주 하나님을 찬미하오니
주님! 주님만이 저희들의 하나님이 되십니다.
주님! 세세 무궁토록 영광 받으소서.

주님! 온 땅에 충만하신 주 하나님!
주님의 그 크신 이름을 찬미합니다.
주님! 영광 받으소서.
위대하신 주 하나님! 주님만이 영광 가득하소서.
십자가에 몸 버리시어
우리를 위하여 피 흘리시며 희생하신
주 예수 그리스도! 우리의 주 하나님이시여.
영광과 찬미 받으소서.
저희들이 드리는 찬송 소리 들으소서.

온 땅에 주님의 이름이 높아지시오니
만물이 우러러 주님을 뵈옵니다.
주님! 영광과 찬송 받으소서.

주 우리 하나님이시여! 찬미 받으소서.

저희들이 주님 앞에 기뻐하며

춤추며 노래하오니

주님이시여! 영광 받으소서. 찬미 받으소서.

흠과 티가 없으신 하나님의 어린 양이

십자가에 못 박혀 달리셨네. 희생제물이 되시었네.

우리 인간의 죄와 죽음을 대속하시기 위해

주님께서 어린 양 속죄제물이 되시어

우리를 위하여 십자가 위에서 고난 당하시었네.

자비와 은혜! 가득하신 주 하나님!

온 땅에 주님의 은혜! 충만 하소서!

주님! 영광과 찬미 받으소서.

주님! 주님만이 세세 무궁토록 영광 받으소서.

온 땅에서 주님의 이름 높아지소서.

십자가의 길을 걷는 이에게

주님께서 걸어가신 십자가의 길은
가시관과 채찍을 맞으시던 주님의 길
아무도 그분이 하나님이신 줄 몰랐고,
우리들의 고난과 질고를 지고가신
그분이신 줄 깨닫지 못했으니.
주님의 고난은 오해받음.
수많은 사랑하는 사람들로부터 버림받음.

주님께서 고난 당하시어 고통으로 쓰러지신
주님을 우리 이해하지 못했으니
주님께서 오해받음, 이 세상으로부터 버림받음.
우리 그분의 슬픔을 이해하지 못했으니
우리 모두 주님을 버렸고
우리 모두 그분을 저주했네.

주님께서 십자가 못 박히시어
고난과 저주의 십자가를 지시고
친히 죽음을 맞아들이셨으니
대못에 손과 발이 박혀

허리를 창에 찔려 물과 피를 쏟으셨으니
십자가에 위에서 죽임 당하신 주님의 길은 고난.
당신이 주님의 길 따르기를 원한다면
십자가 지고, 많은 사람들로부터 버림받아
오직 정의와 공의의 이름으로 오신
십자가에 달리신 주님의 모습을 본받으리.
그분의 참 모습은 온유와 겸손.

주님께서 십자가 위에 못 박히셨네.
우리의 죄악과 죽음과 질고의 짐을 지시기 위해
주님께서 채찍에 맞으셨네.
하나님의 어린 양이 십자가 지고
극악무도한 죄인들만이 매달리는
십자가 형틀에 매달리셨네.
그분은 거기에서 운명하셨지.

주님! 이 죄인을 용서하소서.
저를 위해 십자가 지고 채찍 당하신 주님!
이 죄인을 주님의 이름으로 받으소서.

주님께서 십자가 지고 고난 당하셨으니
이 죄 많은 인간이 주님의 십자가 앞에 엎드립니다.

주님! 저를 받으소서.
이 죄인이 십자가 위에 달리신
주님 앞에 무릎 꿇고
주님을 우러러 뵈옵니다.
주님! 저를 받으소서. 주님! 영광 받으소서.
이 부족한 죄인이 주님 발 앞에 엎드리오니
주님! 이 죄인을 받으시어 주님의 도구로 쓰옵소서.
이 부끄러운 죄인! 더럽고 추한 죄악에서 건지시어
주님의 거룩하신 길로 인도하소서.

십자가의 죽으심

주님은 십자가에 달리셨네.
추악한 나의 죄 때문에, 나의 지은 죄 때문에
십자가 위에서 날 위해 돌아가셨지.
머리엔 가시관을 쓰시고
두 손과 발에는 못을 박히셨네.
주님은 죄 없으신 하나님의 어린 양!
친히 하나님의 속죄제물이 되시어
십자가 위에서 보혈의 피 흘리시어
우리를 위하여 희생하셨지.
주님은 우리를 위하여 대속의 죽으심을 죽으셨네.
난 주님을 믿네.
날 위해 희생하신 주님의 그 크신 사랑을 믿네.
십자가 위에서 희생하신 어린 양! 예수 그리스도!
누구나 그분의 이름을 부르면 구원을 얻지.
난 주님을 사랑하네.
주님의 이름을 찬미하네.
십자가 위에서 날 위해 희생하신
주님의 그 크신 사랑을 믿네.

예수님의 십자가의 고난 묵상

길___둘

예수님의 십자가의
고난

젊은자의
자식은
장사의 수중의
화살같으니
이것이 그의
화살통에
가득한자는
복되도다

시편에서

주님의 고난

주님의 십자가의 고난은
빌라도의 법정 뜰에서부터 시작되었죠.
로마 병정들의 주님에 대한 희롱
주님의 옷을 벗기고 홍포를 입히며
가시관을 엮어 그 머리에 씌우며
갈대를 그 오른손에 들리고
그분 앞에 무릎을 꿇고 조롱을 다하니 (마27:28-29)
이 땅의 왕으로 오신 주님께서
그분이 사랑하시는 백성들 앞에서
멸시와 조롱을 당하셨습니다.
그분이 사랑하시는 백성들에게서
멸시와 천대를 받으셨습니다.

그 누가 알까요?
그분이 우리를 구원하실 주님이신 줄을
그분에게 침을 뱉고, 갈대를 빼앗아
그분의 머리를 치는 로마 군인들.
주린 자를 먹이시며,
병자를 고치며, 앉은뱅이를 일으켜 세우시며,

죄인의 그 죄를 사하시며, 상한 마음을 고치신
주님께서 로마 군인들에게 멸시와 조롱당하셨음을.
그분이 그토록 사랑하시던
그분의 백성들로부터 버림받으심.

그대 아나요? 주님의 고난과 오해받음.
로마의 병정들은 주님께 희롱을 다한 뒤
홍포를 벗기며, 그분의 옷을 입혀
십자가에 못 박으려고 그분을 끌고 나갔습니다.
주님이 누구신지 알지 못해.

당신은 아나요? 주님의 고난과 슬픔!
이 낮고 천한 세상에 친히 인간의 몸을 입고 오시어
흉악한 인간들의 손에 조롱당하신 주님!
그분의 희생과 고통, 그분이 당하신 수난을
진실로 그대는 아시나요?

주님께서 십자가 지시고,
골고다라는 해골의 곳에 이르러

십자가 위에 못 박히셨습니다.
사람들이 쓸게 탄 포도주를 마시게 하셨으나
우리 주님께서는 마시지 않으셨죠.
우리 주님의 고난은 사람들로부터 오해받음.
모든 것을 다 하실 수 있으셨던 주님이셨음에도
그분은 그분의 모든 것을 버리시고
하늘 보좌 위에서 이 낮고 천한 세상에 오시어
친히 인간의 몸을 입으시고 십자가에 못 박히시어
우리를 위한 하나님의 희생제물이 되셨습니다.
인간을 구원하시기 위한 그분의 계획대로
그분은 십자가에 못 박히시어
하나님의 어린 양 대속 제물이 되시어
우리 죄를 대속하기 위한 속죄제물이 되시어
우리 인간을 죽음에서 구원해내셨습니다.
주님께서 십자가 위에서 운명하심은
인간을 죄와 죽음에서 구속하시기 위한
그분의 계획을 온전히 이루심.

그분은 그분 자신이 하나님의 외 아드님이셨음에도
그럼에도 불구하고
이 세상에 친히 인간의 몸을 입고 오시어
십자가 위에서 희생하시어 운명하심으로
우리를 죄에서 건져내셨습니다.
그리고 무덤에서 사흘 만에 부활하시어
우리에게 천국의 소망을 안겨주셨습니다.
우리에게 영원한 생명을 허락해주셨습니다.

그대 아는가?

1

주님께서 십자가에 못 박히셨네.
그들은 그분의 옷을 제비 뽑아 나누고
그곳에 앉아 지키었네.
그분의 머리 위에는
'유대인의 왕 예수'라는 죄 패가 붙어 있었고,
주님께선 죄인으로 돌아가셨네.

그대 아는가?
주님의 십자가에 쓰인 명패는 사실이었음을.
주님의 죄목은 하나
'유대인의 왕 예수'
바로 그분이 우리의 구주 예수 그리스도였기 때문.
빌라도가 쓴 죄 패는 사실이었네.

이 세상에 왕으로 오시어
하나님의 사람들을 통치하실 분, 주님!
주님께서는 이 세상에 오시어
인간의 죄를 사하시고,

질병을 치료하시며
인간의 죄악을 친히 사하셨지.
그대 아는가?
주님께서 이 세상에 오신 이유를.
병들고 삶에 지친 우리를 구원하시기 위해
주님께서 친히 이 세상에 오셨음을.

저 높고 높은 하늘에 크고 존귀한 분이셨지만,
이 낮고 천한 세상에 인간의 몸을 입으시고
인간에 채찍질 당하시며, 십자가를 짊어지시고
친히 그 십자가 위에서 못 박히시며 운명하셨으니
그분이 십자가 위에서 대속의 죽으심은
우리의 죄악을 구속하시기 위함.
그분이 십자가 위에서 운명하심은
우리를 죄와 죽음에서 건져내시기 위함.

그분이 채찍을 맞으심으로
우리가 나음을 입었다는 사실.

그분이 부활하심으로
우리가 소망을 갖게 되었다는 사실.

2

그대는 알고 있는가?
거룩하신 주님께서
우리의 죄를 대속하시기 위하여
십자가 위에서 운명하셨다는 사실.

주님을 십자가에 못 박은 후
머리 위에는 '유대인의 왕 예수'라는 죄 패를 붙이었지.

그들도 보고 듣고 알고 있었네.
그분이 베푸신 일들을
그분이 이 세상에서 나타내신 일들을
그분이 메시야로서 나타내시는
그분의 이적과 표적을, 그분의 능력을
그분의 위엄 있는 교훈을
그분이 나타내시는 능력을 보고 알고 있었지.

그러나 그들은 한 가지를 몰랐지.
그분이 우리를 구원하실 고난 받은 메시야라는 사실을.
주님이 유대인의 왕, 온 인류의 구세주라는 사실을.

그들은 눈이 어두워져 진실을 몰랐지.
그분이 이 세상에서 어떻게 예우 받아야 한다는 사실을.
그분이 존귀와 높임을 받아야 한다는 사실을.
불행히도 주님을 못 박은 이들에게는
풍성한 죄악의 손길만 가득하니
그들에게 남겨진 것은 최후의 심판. 불타오르는 지옥
그들은 거룩하신 주 하나님의 얼굴을 보게 되리니
그들의 마음이 떨리어 주님께 엎드리어 울며 부복하리.
다시 그들에겐 구원이 있을 수 없으리.

주님께서 십자가에 못 박히시던 날
주님과 못 박힌 두 강도가 함께 십자가에 달리었네.
하나는 주님의 우편에, 하나는 주님의 좌편에
주님과 함께 못 박힌 강도들 중
하나는 지나가는 사람들과 함께 모욕했지.

그들은 자기 머리를 흔들며 말했다네.
'성전을 헐고 사흘에 짓는 자여!
네가 만일 하나님의 아들이어든
자기를 구원하고 십자가에서 내려오라.'고

그대 아는가? 주님께서 왜 십자가 위에서
내려오시지. 않으셨는지를.
그 이유 그대 아는가?
주님께서 왜 십자가 위에서 운명하셨는지를.

대제사장들도, 서기관들도, 장로들도
함께 조롱하며 말했다네.
'남은 구원하였으되, 자기 자신은 구원할 수 없도다.
그가 이스라엘의 왕이로다.
지금 십자가에서 내려오라.
그리하면 우리가 믿겠노라.' 라고 말했다네.
그들이 그렇게 말했다네.

3

이적과 표적은 보았으되,
그들은 주님을 믿지 않았지.
그분이 일으키신 표적으로
그분이 하나님의 외 아드님을 충분히 알았을 터.
그랬다네. 그렇게 했다네.
주님을 십자가에 못 박게 하고
주님을 조롱했다네.

그대 아는가?
십자가에 달린 강도들까지도 조롱한
주님께서 왜 십자가 위에서 운명하셨는지를.

그대 아는가?
왜 하나님의 외 아드님이신 우리 주 예수 그리스도께서
친히 십자가에 달리시어 몸 버려 피 흘리시며
친히 고난을 당하시며, 운명하셨는지를.

그들은 주님의 이적과 표적을 보았지만
그들은 알 수 없었다네.
우리 주님이 어떤 분이신지를.
오히려 주님을 믿지 않고 조롱했다네.
머리에는 가시관을, 몸에는 채찍질을
그분의 죄 패는 '유대인의 왕'
그분이 '유대인의 왕'이란 말은 사실이었네.
아! 어찌하리.
세상의 탐욕으로 눈이 어두워져
이 땅에 오신 위대하시고도 거룩하신 주님을
알아보지 못한 그들을 어찌하리.

4

주님은 위대하신 왕! 하나님의 외 아드님!
우리 인류를 구원하실 예수 그리스도!
오진 한 분뿐이신 우리 주님!
그분이 이 세상에 오시었네.
낮고 천한 이 세상에
친히 인간의 몸을 입으시고 강림하시었네.

오! 위대하신 주님! 저희들을 용서하소서.
주님을 알지 못하는 저희 죄인들을
주님께서 십자가 위에서 흘리신 보배 피로
저희들을 죄와 죽음에서 건져내시고, 구하소서.
주님의 이적과 표적을 보고도 믿지 않는
대제사상과 서기관과 장로들을
주님이시여! 용서하소서.

5

주님께서 소리 질러 외치시며 운명하셨네.
"엘리 엘리 라마 사박다니"
"나의 하나님! 나의 하나님!
어찌하여 나를 버리셨나이까?"라는 말씀 남기시며,
주님께서 십자가 위에서 운명하셨네.

주님께서 못 박히시어 운명하신 제 육 시,
지금의 오후 세 시로부터 어둠이 임하여
제 구 시, 지금의 오후 여섯 시까지 계속되었네.
거기 섰던 사람들이 수군거렸지.

이 사람이 엘리야를 부르는 거라고.

그 중 한 사람이 해면을 신 포도주에 적시어

갈대에 꿰어 마시게 하였지만,

사람들은 조롱하였지.

"가만 두라. 엘리야가 와서 그를 구원하나 보자." 하고.

주님께서 다시 크게 부르시니

영혼이 떠나시었네.

그대 아는가.

오늘이 이렇게 침울한지를.

주님께서 십자가 위에서 운명하셨네.

우리의 모든 고난과 질병을 대신 짊어지시고

십자가 위에서 희생제물이 되시어 목숨을 버리셨네.

수많은 사람들의 조롱과 멸시를 받으며

십자가 위에서 운명하셨네.

그대 아는가?

주님께서 소리 지르시며 운명하시던 그 때

성소의 휘장이 위로부터 아래까지 찢어져 둘이 되고

땅이 진동하며 바위가 터지고
무덤이 열리며, 자던 성도들의 몸이 많이 일어난 것을.

주님의 부활 후에 그들이 무덤에서 나와
거룩한 성에 들어가 많은 사람들에게 보인 것을.
로마의 백부장과 예수님을 지키던 자들이
지진과 그 일어난 일을 보고
너무 두려워하여 말하기를
"진실로 하나님의 아들이었구나." 라고 고백했던 것을

6

오! 주님! 저를 용서하소서.
저의 믿음 없음을 불쌍히 여기소서.
주님! 제가 주님을 사랑하오니
주님께서 저를 받으시고,
저를 주님의 길로 인도하소서.
제 인생을 살피시고 저를 도우시는 주님!
주님! 저를 주님의 품으로
저를 주님의 십자가의 길로 인도하소서.

이제는 내가 사는 것이 아니니
내가 그리스도와 함께 십자가에 못 박혔으니
이제 내가 사는 것은
오직 내 안에 거하시며, 내주하시는
우리 주 예수 그리스도께서 사시는 것이니
이제 제가 육체 가운데 사는 것은
저를 사랑하시어 그분 자신을 버리신
하나님의 아들을 믿는
이 믿음 안에서 사는 것이니 (갈2:20)

주님! 제가 주님의 얼굴을 뵈옵니다.
제가 사는 것은 오직 이것이니
주님께서 저 위하여 십자가에 몸 버려 피 흘리시어
저를 죄악에서 구원하셨다는 사실.

이제는 기다리며 소망하며 살아갑니다.
주님이 계신 저 천국을
주님이 계신 저 새 예루살렘 거룩한 성을
주님! 제가 바라보며 살아갑니다.

주님! 저를 인도하소서.
제가 주님께 돌아갈 때까지
이 세상에서 주님의 그 사랑을 전하며,
주님의 그 사랑을 위하여 살며,
주님을 위하여 즐거이 죽게 하소서.
주님! 저를 보호하소서.

주님의 마지막 순간

사랑하던 제자들도 소망했던 그 자리
주님께서 십자가에 못 박히시어 운명하시던 그곳에
그렇지만 제자들도 남지 않았네.
그러나 알게 되었지.
위대하신 주 하나님께서 십자가 위에서
고난 당하여야 한다는 사실
그분께서 운명하시고 난 뒤에야 제자들도 깨달았지.

주님께서 저주의 나무, 십자가에 달리셨네.
주님의 좌우편엔 흉악한 강도 두 사람
그들만 주님과 함께했을 뿐.
주님께서 십자가에 못 박히시어 운명하셨네.
십자가에 달린 두 강도, 그들의 운명도 나뉘었네.
주님을 믿음으로 고백한 강도에겐
오늘 주님과 함께 낙원에 있으리라는 약속.
그분을 믿는 이들과 주님께서는 늘 함께 계시지.
주님께서 십자가 위에서 운명하셨네.
거룩하신 아버지 하나님께 부르짖으시며
그분을 의탁하시었네. 그리고 목숨을 다하셨네.

"아! 목마르다."
"어찌하여 나를 버리셨나이까?"

주님께서 십자가에 달리시어 운명하셨네.
로마 군병들의 창과 칼에 찔려
물과 피를 쏟으시며
주님께서 못 박히신 십자가 위에서 운명하셨네.
주님이 하나님의 외 아드님이심을
그들이 알았더라면 얼마나 좋았으리.
그러나 그들은 알지 못했지.
주님을 알지 못하는 이들은 불쌍한 사람.
영영 주님의 얼굴을 뵙지 못하게 되네.

그대 아는가? 주님만이 진실로 만왕의 왕이심을
하나님의 어린 양이 친히 십자가 위에 달리시어
속죄제물이 되었음을 진실로 그대 아는가?
희생제물이 되셨음을 그대 아는가?
주님께서 우리를 위하여 친히 희생하시어

우리를 죄와 죽음에서 건져내셨네. 구원하셨네.
주님께서 친히 어린 양 속죄제물이 되시었네.
우리를 위한 화목제물이 되시었네.

주님께서 이 세상에 오시어
말없이 십자가 지시고
십자가에 못 박히시어 운명하셨네.
우리를 위하여 친히 그분의 목숨을 내어주셨네.

주님! 저를 용서하소서.
오직 이 죄인을 위하여 십자가에 달리신 주님!
저를 죄악에서 건지시어
저를 주님의 품으로 인도하소서.

주님! 주님만이 저의 하나님이 되옵소서.
오직 이 죄인을 위하여 십자가에 달리신 주님!
저를 주님의 품으로 인도하소서.
이 죄인이 주님만을 섬기게 하옵소서.
제가 주님과 함께 거하게 하소서.

주님! 제가 주님을 사모하오니
주님의 뜻 제게 나타내시어
저를 주님의 품으로 인도하소서.
제가 주님을 사모하며 주님을 섬기며
주님을 의지하며 살게 하소서.

주님께서 걸어가신 길

주님께서 우리를 위하여 걸어가신 길은
십자가를 지시며 피 흘리신 길.
피 흘리시며 십자가 위에서 못 박히시며 운명하신 길.

로마 군병들의 채찍을 받으시며
가시관을 쓰시고 조롱을 당하시던 모습.

위대하신 주 하나님께서 인간이 되심으로
친히 인간의 나약한 육체의 고난을 맛보시니
인간의 질고와 고충을 아시었으니
흠과 티가 없으신 주님께서 십자가에 달리시어
피 흘리시며 운명하셨습니다.
화목제물이 되셨습니다.

주님! 주님을 사모함은
주님께서 우리를 죄에서 구속하시기 위하여
친히 십자가 위에서 희생제물이 되심.

주님! 주님을 사모합니다.

주님의 그 크신 사랑과 은혜

주님께 부르짖어 기도합니다. 간구합니다.

사랑! 그 자체이셨던 주님께서

저희들에게 친히 임하시어

빛과 생명을 보이시니

주님! 주님을 사모합니다.

위대하신 주 하나님이시여!

그 거룩하시고도 위대하신 우리 주 하나님이시여!

주님의 그 거룩하신 사랑을

이 부족한 죄인이 두 손을 들어

지극히 거룩하신 주님의 영광을 찬미합니다.

주님! 찬미와 영광 받으소서.

위대하신 주 하나님! 존귀와 영광과 찬미 받으소서.

예수님의 십자가 고난

빌라도의 법정에 서신 주님께서
군인들이 때린 채찍에 맞아 쓰러지셨네.
로마 군인들의 조롱과 수난
홍포를 입히고 주님을 희롱하던 군인들이
주님이 누구신지 알았다면
과연 그분을 괴롭힐 수 있었을까요?
머리에는 가시관과 몸에는 전갈 채찍 자국
피투성이가 되신 주님께서
골고다 언덕길 오르셨네.

십자가를 지고 한 발자국 두 발자국
골고다 언덕을 오르시는 길
주님께서 채찍을 맞으시었네.
주님께서 도착하신 골고다 언덕
못 박히신 손과 발에는 붉은 피
홍건히 흐르는 주님의 보혈
머리에는 가시관, 주님께서 보배 피 흘리셨네.

주님의 십자가에는 '유대인의 왕', 죄인의 명패

그 누가 알았으리요. 우리 주님이 유대인의 왕이셨음을
아니 이 세상 모든 이들의 왕이셨음을.
아무 흠과 티가 없으셨던 주님!
십자가 위에서 보배 피 흘리시며 운명하셨네.
우리를 위하여 고난 당하신 주님!
그 누가 알았으리요?
주님은 진실로 왕이시었음을.
주님께서 십자가 위에 못 박히시었네.
우리를 위하여 친히 희생하셨네.

아무 흠과 티가 없으신 주님!
사람들의 조롱과 멸시, 천대 속에
십자가 위에서 고난 당하시며
손과 발에 못 박히시어 운명하셨네.
주님께서 이 세상에 오시어
그 어떤 악한 일도 하시지 않으셨음도
사람들의 질고를 알아
질병을 고치시며 우리의 죄를 사하셨음에도
주님께서는 오히려 사람들에게 고초 당하셨네.

그분은 진실로 하나님의 아들이셨음을
그분의 행하신 표적으로 나타내 보이셨음에도
정작 사람들은 이해할 수 없었지.
그분이 십자가 위에서 운명하셨네.
우리를 사랑하신 그분께서
친히 십자가 위에 달리셨네.
십자가 위에서 고난 당하시어
보배 피 흘리셨네.
흠 없는 어린 양 속죄제물이 되시어
십자가 위에서 돌아가셨네.

그분이 고난 당하심은 우리를 위함.
우리를 죄와 죽음에서 건져내기 위함.
왜 세상 사람들은 알지 못하는가?
거룩하시고도 위대하신 하나님의 외 아드님이
친히 십자가에 못 박히시어 운명하셨음을
왜 깨닫지 못하는가?
우리의 지은 죄 때문에
하나님을 거역한 우리의 죄 때문에

주님께서 십자가에 몸 버려 피 흘리셨네.
너무나도 우리를 사랑하셨네.
그분의 사랑! 말로 다 할 수 없네.

주님께서 십자가에 달리심은
우리를 구원하시기 위함.
주님께서 십자가 위에서 보배 피 흘리심은
우리를 구속하시기 위함.
주님께서 십자가 위에 달리셨네.
그분의 그 크신 사랑 때문에
우리를 사랑하시는 그분의 사랑 때문에
주님께서 십자가 위에서 보배 피 흘리셨네.
우리를 위해 그분의 몸을 친히 내어주셨네.

주님의 십자가의 고난

주님께서 채찍을 맞으셨네.
머리에는 가시관을 쓰시고
한 발자국 한 발자국 걸으실 때 마다
흐르는 피.
주님께서 골고다 언덕길 오르셨네.
사람들의 멸시와 조롱
주님께서 한 발자국 한 발자국 십자가를 지시고
골고다 언덕길 걸어가셨네.
채찍에 맞으신 그 힘드신 몸
주님께서 골고다 언덕길 오르셨네.
사람들의 멸시와 조롱
주님께서 골고다 언덕길 오르셨네.

그 누가 알 수 있으리.
주님에서 걸어가신 십자가의 길, 고난의 길을.

주님께서 십자가에 못 박히셨네.
손과 발에 대 못을 박히시어
십자가 위에 달리셨네.

그 누가 알 수 있으리.
주님의 십자가의 고난과 죽음.
오직 주님께 택함 받은 백성들만 알 수 있으리.
오직 성령님께서 증거하심으로.

로마 군병들의 창과 칼에
주님께서 물과 피를 쏟으셨네.
주님의 몸은 인간을 위하여 드리신 대속의 제물
온 인간의 죄를 구속하시기 위해
주님께서 친히 십자가 위에서 물과 피를 쏟으셨네.
주님! 영광 받으소서.
주님의 희생과 사랑! 저희들이 찬미하오니
주님이시여! 주님만이 영광과 존귀 받으소서.

주님께서 십자가 위에서 운명하시지 않으셨다면
너와 나, 우리들의 죄는 속해지지 않아.
주님께서 십자가 위에서 물과 피를 쏟으셨네.
우리를 위한 대속의 죽음을 당하셨네.
너와 날 위해 십자가 위에서 죽음을 맞이하셨지.

주님께서 십자가 위에서 돌아가심은
너와 날 위한 대속의 사랑.
주님께서 우리를 위하여 그분 자신의 몸을 내어 주셨네.
주님의 이름은 예수! 오직 우리를 위한 사랑이셨지.

당신은 알고 있는가? 주님의 부활하심!
십자가 위에서 운명하신 후
사흘 만에 무덤에서 일어나 부활하셨네.
그리고 제자들에게 보이셨네.
주님! 찬미 받으소서. 주님! 영광 받으소서.

저희들을 위하여 십자가 위에서 희생하신 주님!
주님만이 오직 위대하신 주 하나님이시오니
주님만이 홀로 영광 받으소서.
주님께서 십자가 위에서 운명하신 후
우리를 위하여 무덤에서 부활하셨으니
주님의 영광을 노래합니다.

위대하신 주 하나님의 영광을 찬미하세.

십자가 위에서 보배 피 흘리심으로

우리의 죄를 구속하시어

회개하여 거듭남의 소망을 허락하신 주님께

우리에게 영원한 생명을 허락하신 주님께

십자가 위에서 운명하신지 사흘 만에 부활하시어

우리에게 영원한 삶의 소망을 허락하신 주님께

찬미와 영광 돌리세.

위대하시고도 위대하신 주 하나님! 영광 받으소서.

주님의 거룩하신 이름! 찬미 받으소서.

주님만이 온전히 존귀와 영광, 찬송 받으소서.

주님이 가신 길

주님께서 걸어가신 길은 십자가의 길
그분이 걸으신 길은 눈물과 고통의 길
아무도 그분의 길 따를 수 없네.
십자가에 못 박히시기까지 사람들의 멸시와 조롱
주님이 하나님의 외 아드님이심에도
그분은 죄인으로 취급받아 오해받음.

그 누가 알까?
주님이 걸어가신 고통의 길, 십자가의 길
표적과 이적을 베푸셨음에도
이 세상 사람의 몸으로 오시어
사람들에게 생명의 양식을 공급하셨음에도
사람들은 깨닫지 못했네.
신실하신 그분의 오해받음.

그분이 걸어가신 길은 십자가의 길, 고난의 길
아무도 그분을 따를 수 없네.
주님께서 가장 사랑했던 제자 베드로까지도
주님께서 잡히시던 날, 닭 울기 전에

세 번씩이나 주님을 부인했었네.

그대 아는가? 주님이 걸어가신 길.
주님께서 걸으신 고난의 길, 십자가의 길.
나무에 달리시어 저주의 죽음을 당하심으로
우리를 위해 희생하신 그분이 걸어가신 길.
주님이 가신 그 길을 그대는 아는가?

나 또한 그 길을 걸어야 하리니.
주님만이 우리를 구원하실 분이시며,
우리를 인도하실 분이시니
주님께 경배하세, 우리 모두 주님께 찬미 드리세.
우리를 구원하신 주 하나님의 위대하심을 찬미하세.
주 하나님의 이름을 늘 높여 드리세.

우리에게 생명의 양식을 먹이신 주님!
주님께서 십자가에 달리시기까지
제자들은 알지 못했지. 깨닫지 못했지.
주님께서 걸으셨던 십자가의 길을.

주님을 향해 달려가세. 그분의 이름을 높이세.

주님께 찬양과 경배 드리세.

위대하신 주 하나님의 사랑을 늘 찬미하세.

주님은 사랑이시니

오직 우리를 위해 몸 버려 피 흘리신 분이시니

주님의 피 흘리신 희생과 사랑! 늘 찬미하세.

주님의 그 크신 이름을 늘 높여 찬송 드리세.

겸손한 자에게 오신 주님

주님! 주님께서는 저 높고 높은 영광의 보좌 위에서
이 낮고 천한 세상, 인간의 자리
이 땅에 인간의 몸을 입으시고 내려오셨죠.
냄새나고 추하고 더러운 사람들 사이에서
주님의 빛을 비추셨죠.
그렇지만 사람들은 주님의 빛을 몰라
주님께 침 뱉으며 조롱하며,
주님을 웃음거리로 만들었죠.
주님께서 행하신 일들만 보아도
주님은 영광의 왕이시며,
이 세상을 구원하실 오직 한 분! 주님이시라는 사실!
그들은 알 수 있었음에도
주님을 조롱하며 채찍으로 때리며,
주님을 십자가 위에 못 박았죠.
흉악한 죄인들만 달리는 십자가!
고통과 저주의 십자가!
주님께서는 그곳에서 고통 당하시며 운명하셨죠.
죽음의 순간까지 처절히 버림을 받으셨음에도
인간을 위하여 그 모든 것을 이루심.

주님께서는 저희들을 그렇게 사랑하셨죠.
주님! 저희들이 주님을 사랑합니다.
낮고 천한 자리, 이 인간의 자리에 오시어
아무 흠과 티가 없으심에도
친히 주님의 몸을 내어주시어
어린 양 희생제물이 되시어
물과 피를 쏟으신 주님을 찬미합니다.
주님께 엎드리어 저희들의 모든 것 내려놓사오니
오! 주님! 저를 받으소서.
오직 저를 주님의 길로 인도하소서.

주님의 이름은 예수

우리 주 예수 그리스도께서
친히 이 세상에 인간의 몸을 입고 오시어
우리 주 하나님의 나라를 보이셨네.
그분의 나라를 전파하셨네.

그 일은 죽은 나사로와 회당장의 아들을 살리셨고,
앉아서 일어설 수 없는 앉은뱅이를 일으켜 세우셨으며,
중풍병자를 고치셨고,
눈 먼 이의 눈을 뜨게 하셨으며,
혈루 병이 든 가련한 여인을 치료하시며,
그분의 능력과 모습을 나타내셨네.

그뿐만이 아니라네.
흠 없고, 한 점 티 없으신 주님께서
저주의 십자가 위에서
더럽고 추한 우리의 죄악을 대속하시기 위하여
친히 그분의 몸을 버리시며 희생하시어
우리를 위해 그분의 보배 피 흘리셨네.
친히 대속의 어린 양, 희생제물이 되시어

십자가에 못 박혀 죽임을 당하셨네.
우리의 저주의 짐을 대신 짊어지셨네.
주님의 이름은 예수!
그분은 이 세상에 오시어
오천 명을 빵 다섯 개와 물고기 두 마리로 먹이셨네.
그리고는 열두 광주리의 부스러기를 담게 하셨지.
그분의 이름은 예수!
우리를 위해 인간의 몸을 입고 오신 독생자 예수!
그대 아는가? 주님께서 이 세상에 오신 이유를.

주님께서 십자가를 지시고 골고다 언덕길 오르셨네.
한 발자국 한 발자국 십자가를 지고
로마 병정들의 채찍을 맞으시며,
골고다 언덕길 오르시니, 주님의 몸은 고난!

이적과 표적으로 그분의 나라를 알리시던 분이
너와 나의 죄를 지시고
우리 인간의 모든 죄를 지시고
그분이 십자가의 길을 걸으셨네.

주님의 이름은 위대하신 왕!
하나님의 외 아드님! 독생자 예수!
그분의 이름을 찬양하세.

주님은 흠 없으신 어린 양.!
아무 흠과 티가 없으신
우리를 위하여 대속의 죽음을 당하신
하나님의 어린 양!
그분이 친히 십자가에 달리시어 피 흘리시니
그분의 몸을 친히 제물로 드리시니
우리의 죄가 사해졌네. 우리의 죄를 구속하셨네.
우리를 죄에서 친히 건져내셨네.

주님께서 십자가 지시고 골고다 언덕길 오르셨네.
한 발자국 한 발자국 걷는 걸음걸음
고통을 이기시며 골고다 언덕길 오르셨네.
십자가 위에서 두 손과 발 못 박히시어
사람들로부터 조롱과 멸시와 천대 받으셨네.
그분은 하나님의 외 아드님!

한 점 흠 없으신 하나님의 어린 양!
주님께서 가시관 쓰시고 십자가 위에서 운명하셨네.

그분의 이름은 예수! 참 이스라엘의 왕이신 하나님!
주님께서 십자가 위에서 몸 버려 피 흘리셨네.
당신과 날 위해 십자가 위에서 고통당하셨네.
주님께서 운명하시어 고난 당하시므로
우리가 나음을 입었으니
우리에게 영생을 주신 주님의 이름!
독생자 예수! 늘 찬미하고 또 찬미하세.

우리 죄 많은 인간을 구속하시기 위하여
친히 그분께서 인간의 몸을 입으시고 십자가 지시고
십자가의 피로 우리를 구속하셨으니
우리가 죄에서 구속함을 입게 되었네.
병과 질고에서 나음을 입게 되었네.

주님께서 십자가 위에서 운명하신 후
사흘 만에 무덤에서 일어나 부활하시어

우리에게 영원한 소망을 주시니
우리 영원히 주님과 함께 있게 되리.
주님께서 계신 천국!
우리 모두 그곳에 함께 있게 되리.
주님이 계신 천국!
그곳에서 영원히 우리 주님을 찬송하리.

주님의 살아계심을, 주님의 위대하심을
늘 노래하리.
주님만이 우리의 하나님이시니
주님만이 우리를 구속하신 주 하나님이시니
우리 모두 두 손 들고 주님의 이름을 찬미하세.
위대하신 주 하나님의 이름을 늘 높이 찬송 드리세.

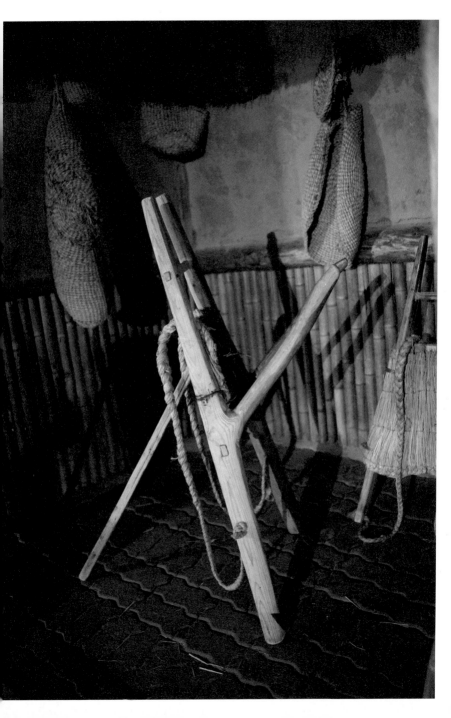

예수님의 십자가는 고난

예수님의 십자가는 고난
주님께서 십자가에 달리시어 고난 받으셨네.
어리에는 가시관과 온몸에는 채찍 자국
로마 병정들이 때린 채찍에
주님께서 고난 받으셨네.

주님께서 십자가에 못 박히실 때
땅! 땅! 땅! 못 박히는 소리
사람들이 그걸 알까?
흠 없으신 주님께서 십자가에 달리셨음을
너와 날 위해
너와 나의 죄를 속량하시기 위해
주님께서 십자가에 달리셨음을.

오! 주님! 저를 용서하소서.
용서 받을 수 없는 이 죄인이
십자가 앞에 무릎을 꿇습니다.
주님의 십자가가 아니면
저는 결코 일어설 수가 없고

주님의 십자가가 아니면
저는 결코 죄와 죽음에서 헤어날 수가 없습니다.
우리가 죄와 죽음과 질병에서 건짐과 나음을 입음은
바로 주님께서 십자가 위에서 고난을 받으시며,
우리를 위한 주님의 그 보배 피를 흘리셨기 때문입니다.

주님! 이 죄인이 주님을 사랑합니다.
주님! 이 죄인이 주님의 십자가 앞에 엎드립니다.
주님! 이 죄인을 불쌍히 여기소서.
이 죄인을 용서하소서.

죄로 죽을 수밖에 없는 이 죄인이
죄악으로 가득한 이 몸이
주님의 십자가의 희생으로
죄와 죽음의 고통으로부터 벗어나
주님의 사랑과 기쁨을 얻습니다.

주님! 이 죄인을 용서하소서.
주님! 이 죄인을 받으소서.
주님! 이 죄인이 주님만을 사랑하게 하옵소서.

십자가 위에서 피 흘리심은

주님께서 십자가 위에서 피 흘려 운명하심은
죄 많은 날 사랑하심.
주님께서 십자가 위에서 고난 받으셨네.
십자가 위에서 그 보배 피 흘리시며,
죽음의 고통 당하시며, 고난 받으셨네.

주님께서 십자가 위에서
어린 양 희생제물이 되시어
그 보배 피 흘리심은
우리 인간의 죄를 대신 짊어지심.

저주의 십자가를 지신 고난과 희생
주님의 대속의 죽으심과 희생이 아니면
우리는 결코 더러운 죄를 벗어날 수 없네.

주님! 이 추악한 죄인을 용서하소서.
주님의 십자가 위에 죽으심은
모든 인류의 죄를 대신 짊어지신 고난의 길!
주님! 이 죄인이 주님 발 앞에 엎드리오니.
주님! 저희들이 주님을 알게 하소서.

저희들이 주님의 그 크신 희생과 사랑! 알게 하소서.
그 누가 알까요? 주님의 희생과 고난
저주와 죄악의 형틀! 십자가 위에서
홀로 고난을 당하신 주님!
그 고난과 슬픔을 누가 알리요.
주님! 이 죄인을 용서하소서.

주님 홀로 고통스런 십자가 위에서
친히 인간의 몸을 입으시어
그 고통과 고난을 당하셨으니
주님의 희생은 사랑!
주님! 이 죄인을 용서하소서.

주님! 이 죄인이
주님의 그 크신 사랑을 찬미합니다.
우리 주 하나님의 위대하신 이름을
늘 소리 높여 찬미합니다.

주님! 영광 받으소서.
주님! 찬미 받으소서.

주님의 십자가는

주님의 십자가는 고난
주님의 십자가는 희생
주님께서 날 위해 십자가에 달리셨네.
날 위해 고통의 십자가 지시고
십자가 위에서 운명하셨네.
주님! 이 죄인을 용서하소서.
주님을 거역한 날 위해
이 세상에 오시어 희생제물이 되신
우리 주 예수 그리스도! 우리 주님을 찬송하오니
주님이시여! 영광 받으소서.
존귀와 찬송 받으소서.
주님만이 나의 왕, 나의 힘이시니
주님! 찬미 받으소서.
주님! 영광 받으소서.
주님만이 나의 왕, 나의 힘이시오니
주님! 찬미 받으소서.
주님! 영광 받으소서.
진리와 영광의 주 하나님!
주님의 희생과 고난을 찬미하오니

주님만이 홀로 영광 받으소서.
주님만이 홀로 온 세상에서 높아지소서.

예수 찬미

아! 하나님의 은혜로 나 구원받았네.
죄에 빠질 수밖에 없는 영혼
주님의 도우심으로 일어나
주님을 바라보게 되네.

주님은 위대하신 하나님!
날 위해 십자가에 달리시고
날 위해 보배 피 흘리시며 희생하시니
주님께서 날 위해 희생하신 사랑을 늘 찬미합니다.
주님의 그 크신 은혜와 사랑을 늘 찬송합니다.

주님께서 십자가에 달리셨네.
날 위해 십자가 위에서 고난 당하셨네.
주님의 사랑은 십자가 위에서 피 흘리신
날 위한 대속의 죽음!
주님! 주님의 위대하신 이름을 늘 찬미합니다.

주님! 영광 받으소서. 주님! 찬미 받으소서.
주님은 위대하신 하나님이시니

우리를 구원하실 오직 한 분뿐인 주님이시니

주님이시여! 영광 받으소서. 주님! 찬미 받으소서.

예수님의 십자가의 고난 묵상

길＿셋

PART

3

마음지치고
나약해질쯔H

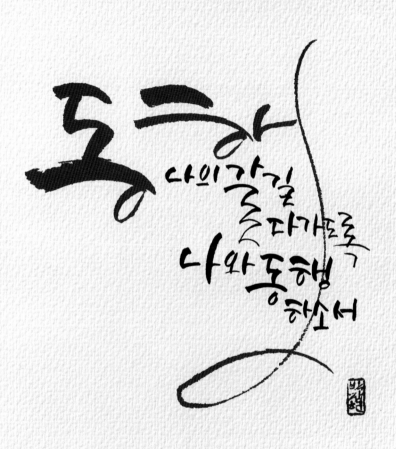

주라
나의갈길
다가드록
나와동행
하소서

마음이 지치고 몸이 무거울 때

당신은 아나요
마음이 지치고 몸이 무거울 때
우리 주님이 함께하시는 줄을.

세상이 온통 어둡고 캄캄해도
우리 주님께서 우리를 인도하시는 줄 아시나요?
주님은 빛이시며, 생명이라는 것을
당신은 알고 있나요?

주님은 사랑이 많으신 분이시니
당신을 사랑하시고 인도하시고 계심을 알고 있나요?
언제나 부드러운 손길로 당신을 안으시며
당신을 이끄시고 계심을
당신은 알고 있나요?

마음이 지치고 몸이 무거울 때
앞길이 캄캄하고 그 어느 것조차 보이지 않는다 해도
주님의 길을 걸어보세요.
주님은 사랑이 많으시고 자비로운 분이시니
주님을 의지해 보세요.

주님은 정말 당신을 사랑하셔요.
당신의 무거운 짐을 주님께 맡겨 보세요.
주님은 사랑이 많으시고
늘 당신과 함께하시니
주님을 의지해 보세요.
주님이 늘 당신과 함께하심을
당신도 알게 될 거예요.

마음이 지치고 몸이 무거울 때
주님을 의지해 보세요.
주님이 당신을 사랑하는 줄 알게 될 거예요.
주님이 당신을 붙잡고 계심을 보게 될 거예요.
주님의 그 크시고 부드러운 손을 의지해 보세요.
주님의 그 크신 사랑을 느껴 보세요.
주님은 사랑이시랍니다.
주님은 사랑 그 자체랍니다.
주님은 당신과 나를 환난에서 구해주시는
참 좋으신 하나님이시랍니다.

힘들고 지칠 때

주님! 주님께서 걸어가신 길은 고난의 길이셨죠.
우리가 지금 당하는 어려움에 비하면
주님께서 당하신 고난은
그 무엇으로도 표현할 수 없었죠?
주님! 주님께서는 왜 십자가의 길 걸어가셨나요?
그 십자가의 길, 고난의 길을
왜 주님께서는 걸어가셨나요?

죽음과 고통의 십자가, 저주와 죄악의 참혹한 십자가!
오직 극악무도한 죄인들만이 달리는 십자가!
주님께서 거기에 달리셨으니
죄로 죽을 수밖에 없는 저희 죄인들을 위하여
친히 주님께서 십자가에 달리셨으니
주님께서 우리들을 죽음과 죄악에서 건져내심.

주님께서 채찍을 맞으시며
골고다 언덕길, 십자가 지고 오르셨네.
주님! 저희들의 죄 때문입니다.
주님을 거역한 저의 죄, 우리들의 죄.

주님께서 우리의 죄악을 모두 지시고
골고다 언덕길, 십자가의 길을 오르시었습니다.
주님! 저의 몸이 힘들고 어려울 때
주님께서 오르신 골고다 언덕길을 바라봅니다.
주님께서 걸어가신 십자가의 길.
주님께서 날 위해 죽으셨던 고난의 길, 희생의 그 길 생각하며,
주님께서 걸어가신 길 따라 걸어갑니다.

주님! 이 죄인을 용서하소서.
저의 가는 길, 주님께서 인도하시어
제가 주님만을 섬기며 살게 하소서.
주님만이 저의 하나님이시오니
제가 주님의 영광을 찬미하며
오직 주님만을 바라보며 살게 하소서.

주님! 이 죄인이 주님께 나아가오니
주님! 이 죄인을 받으소서.
주님! 오직 주님만이 저의 하나님이 되시어
저의 가는 길, 주님께서 살피시고 인도하소서.

희생

우리 주 예수 그리스도께서
십자가 위에서 돌아가셨네.

흠 없으시고, 죄 없으신 주님의 몸이
십자가 위에서 희생하시었네.

사람들의 조롱과 멸시, 핍박을 받으시며
죄 없으신 주님의 몸이
십자가 위에서 창과 못에 찔리셨네.

가시관을 쓰시고 채찍질 당하신 주님!
주님께서 걸어가신 십자가의 길은
날 위한 희생과 고난의 길이었고
우리의 죄악을 속하시기 위한 희생이셨네.

아! 말할 수 없어라. 주님의 사랑!
아! 말할 수 없어라. 주님의 그 크신 은혜!
아! 더는 말할 수 없어라. 주님의 그 크신 은혜와 사랑!
주님의 사랑과 은혜가 얼마나 큰지 다 말할 수 없어라.

주님께서 죄악에서 날 일으키시니
주님! 주님의 그 거룩하신 사랑을 노래합니다.
위대하시고도 위대하신
주 하나님의 영광을 늘 찬미합니다.

주님! 영광과 찬미 받으소서.
위대하시고도 거룩하신 주님!
주님의 그 거룩하신 손길! 저희들에게 베푸소서.

주님만이 영광이 되옵소서.
주님만이 이 세상의 빛이 되옵소서.

이 땅에 자유함을 베푸소서

주님! 영광의 주 하나님이시여.

주님을 찬미하옵고 또 찬미하옵나이다.

주님! 영광 받으소서.

위대하신 주 하나님!

주님만이 우리를 죄에서 건져내신

위대하신 우리 주 하나님이시오니

주님! 영광 받으소서. 주님! 찬미 받으소서.

이 낮고 천한 세상에 오시어

친히 자비와 구원을 베푸신 주님!

주 하나님의 이름을 앙망하나이다.

주님! 자비 베푸소서.

주님께서 저를 도우심은

주님께서 저를 도우심은
주님께서 저의 하나님이 되시기 때문입니다.
주님! 주님께서 저를 인도하심은
주님께서 저의 인생이 되시기 때문입니다.
주님! 제가 주님의 이름을 높이고
주님의 거룩하신 이름을 높이 불러
주님의 영광을 찬미하며 노래합니다.
주님! 영광 받으소서.
주님! 찬미 받으소서.
이 죄인이 엎드리어 주님의 이름을 부르고 또 부르오니
위대하신 주 하나님을 찬미하며 또 찬미하오니
주님이시여! 영광 받으소서.
주님이시여! 찬미 받으소서.
주님! 제가 주님 앞에 엎드리어 소리 높여 비오니
주님이시여! 주님의 드높으신 이름!
온 땅에 비춰소서. 드러내소서.
주님께서 저희들에게 알리신 그 구원의 거룩하신 이름!
주님이시여! 저희들이 높이 찬미하오니
주님의 이름으로

주님께서 저희들을 살피시고 보호하소서.
주님 저희들을 버리지 마시고 보살피소서.

너와 나의 구원

인간이 죽을 수밖에 없는 이유
그것은 우리의 죄악 때문
인간이 심판을 받을 수밖에 없는 이유
그것은 우리가 지은 우리의 추악한 죄악 때문.
인간에게 흐르는 죄의 본성, 그 악함 때문.

주님께서 우리의 죄 대신하여 십자가 지시었네.
십자가 위에서 몸 버려 피 흘리시어
그분의 목숨을 우리 대신 내어 주셨네.
주님께서 우리 위해 십자가에 못 박히셨네.

주님의 십자가는 저주의 십자가.
주님이 지신 십자가는 날 위해 대신 지신
주님께서 친히 몸 버리시어
우리를 죄와 죽음으로부터 구원하여 내신
구속의 십자가, 대속의 십자가.

주님의 한량없는 구속의 은총을 찬송하리.
주님의 그 크신 사랑의 이름을 널리 외치리.

주님의 그 크시고도 위대하신 사랑을
늘 소리 높여 찬미하리.
그분은 날 위해 저주의 십자가를 지셨고
그분은 날 위해 죽음의 십자가를 지셨고
그 십자가 위에서 날 위해
친히 목숨을 버리셨으니.
주님의 그 크신 사랑을 늘 노래하리.
주님의 그 크시고도 위대하신 사랑을
내 작은 입술로 늘 찬미하리.

주님의 십자가의 은혜를 찬미함

주님! 저희들이 늘 주님을 뵈어야 하는 이유는
주님께서 저희들을 인도하시고
저희들을 죄와 죽음에서 구해내셨기 때문입니다.
위대하신 주님께서 저희들을 죄악에서 구속해내셨고
저희들이 주님을 위하여 살도록 허락하셨기 때문입니다.

주님! 저희들을 인도하소서.
이 죄인이 주님께 간구하옵고 또 간구하오니
주님! 이 죄인을 주님께서 받으소서.
이 죄인을 주님께서 불쌍히 여기소서.

주님께서 십자가에 달리심은
주님께서 날 위해 고난 받으심.
주님께서 날 위해 십자가에 달리심은
추악한 나의 죄를 대속하기 위함.
주님의 구원의 은혜, 대속의 은혜
주님! 제가 영원히 찬미하렵니다.

주님! 영광 받으소서.
주님! 찬미 받으소서.

위대하신 주 하나님!
이 죄인이 주님 앞에 엎드려
주님을 찬미하옵고 또 찬미하오니
온 땅에 가득하신 주님이시여! 주님의 빛 비추소서.
주님께 찬미와 영광 돌리오니
주님만이 홀로 영광 받으소서! 주님의 자비 베푸소서.

십자가 위에서 몸 버려 피 흘리시며
저희들을 위하여 목숨까지도 내어주셨으니,
주님! 저희들이 늘 주님을 찬미합니다.
저희들이 주님께 드리는 찬미 받으소서.

위대하신 주 하나님!
주님의 영광은 온 땅 위에 넘치며
주님의 이름은 온 세계에 드높이 울려 퍼집니다.
저희들이 주님의 이름을 외쳐 부르오니
주님! 영광 받으소서.
주님! 찬미 받으소서.

잘못

주님! 저의 잘못은 무엇인가요?
주님을 제대로 믿고 의지하지 못한 죄 아닌가요?
주님! 저의 마음은 주님을 향하여 원이지만
저의 육체는 세상의 쾌락과 즐거움을 따릅니다.
주님을 향한 열정과 기도, 말씀과 찬미
이것을 가지고 살아간다고 하지만
언제나 저의 마음은 죄송스러움
그리고 부족한 마음밖엔 없습니다.
주님께서 저를 사랑하시고 보호하심을 늘 깨닫지만,
저희들은 늘 주님을 배반합니다.
주님의 이름을 제 마음에 늘 새기고 또 늘 사랑하므로
저희들이 입술이 주님을 향해 기쁨의 노래를 부릅니다.

주님! 저희들에겐 언제나 마음의 부족함밖에 없습니다.
주님을 향한 소망과 자유, 즐거움
이런 것들을 잃어버리고
주님을 향한 조그만 바램의 마음조차
그것을 찾지 못하여 허덕입니다.
주님! 저희들을 인도하소서.

주님! 이 곤고함에서 저희들을 건져내소서.
주님! 저는 부족하고 또 부족하오니
주님! 주님께서 저의 길 받으소서.
제가 선택하는 주님의 길
제가 기뻐하고 또 주님께서 기뻐하시도록 허락하시고
주님! 주님께서 저를 주님의 사랑의 손길로 인도하소서.

주님께서 지셨던 십자가, 그 헌신의 길로
주님! 저를 이끄소서.
주님만이 저를 지키시고 보호하소서.

내가 주님을 향해 부르짖음은

주님! 제가 주님을 향해 부르짖음은
주님께서 살아계시기 때문이며
주님! 제가 주님의 마음을 늘 우러르며 살아감은
주님께서 늘 저와 함께하시며,
늘 저의 길 인도하시기 때문입니다.

주님! 주님은 위대하시고 위대하시며
주님은 거룩하시고도 또 지극히 거룩하신 분이시오니
저 높고도 높은 지극히 높은 보좌 위에서
저희들을 그윽이 바라보심을 보옵니다.

주님! 저희들을 주님의 길로 인도하소서.
십자가 위에서 몸 버려 피 흘리시며
주님의 그 크신 사랑을 저희들에게 나타내 보이셨으니
주님! 이 죄인이 주님을 사모하게 하옵소서.
제 인생이 주님만을 섬기며
주님만을 사모하게 하옵소서.

주님! 제 인생이 주님을 앙망하며, 또 사모하여
지극히 높으신 주님의 이름을 밤새워 부르오니
주님! 이 세상의 죄악으로 인해 곤고한 저를 살피시어
저를 주님의 손길로 보호하소서.
주님! 죄악으로 인해 고통스러워하는 저를 살피시어
주님! 저를 주님의 품에 있게 하소서.

주님! 제가 오직 십자가 위에서 피 흘리신
주 하나님 한 분만을 경배하며 찬송하오니
저희들을 죽음과 죄악에서 구원하여내신
우리 주님이신 예수 그리스도 한 분만을 의지하오니
주님이시여! 저희들의 죄악을 사하시고 받으소서.

주님이시여! 이 죄인을 불쌍히 여기소서.
저를 주님의 길로 인도하시어
저를 주님의 품에 있게 하옵소서.
주님! 이 죄인을 주님의 보혈로 씻기시어
주님만 바라보며 살게 하소서.

기근이 오기 전에

주님! 기근이 오기 전에
오직 주님만을 바라볼 일입니다.
주님의 그 크신 사랑과 은혜를
오직 간구할 따름입니다.
세상이 주님을 거역하여
지극히 악한 모습을 드러내어도
주님께서는 참고 또 참으시어
더욱더 인내하시고 계심을 보옵니다.

주님! 저희들의 우매함과 어리석음을 보옵소서.
저희들의 손에 피와 죄악이 가득함을 용서하소서.
주님을 찾고 찾으며
저희들의 인생을 주님께 의지하오니
주님! 저희들을 보옵소서.
저희들이 환난 중에 주님을 의지하오니
주님! 저희들을 받으소서.

주님! 저희들은 약하고 약하여
위대하시고 강하신 주님을 의지할 수밖에 없사오니

주님! 저희들이 주님을 사모하며 또 사모합니다.
주님! 저희들을 받으소서.
온 땅에 밝은 빛으로 비춰시는 주님이시여!
저희들이 주님께 드리는 영광 받으소서.

주님! 저희들을 받으소서.
이 죄 많은 영혼이 주님의 이름을 불러
주님께 나아가며, 또 나아가고자 하오니
주님! 저희들을 보옵소서.
저희들이 주님께 부르짖음을 보옵소서.
온 땅에 가득한 하나님의 영광!
사모하며, 또 사모하오니
주님이시여! 저희들을 기억하옵소서.

주님! 저희들이 영원히 주님의 이름을 부르렵니다.
위대하시고 강하신 주님의 이름을 저희들이 붙들며
주님께 달려갑니다.
십자가 위에서 저희들을 위하여 희생하신
주님의 고난과 희생을 깨달아

주님께 달려갑니다.

주님! 저희들을 받으소서.

죄 많은 저희들을

주님이시여! 주님의 보혈의 피로 깨끗이 씻기소서.

주님! 저희들과 함께하옵소서.

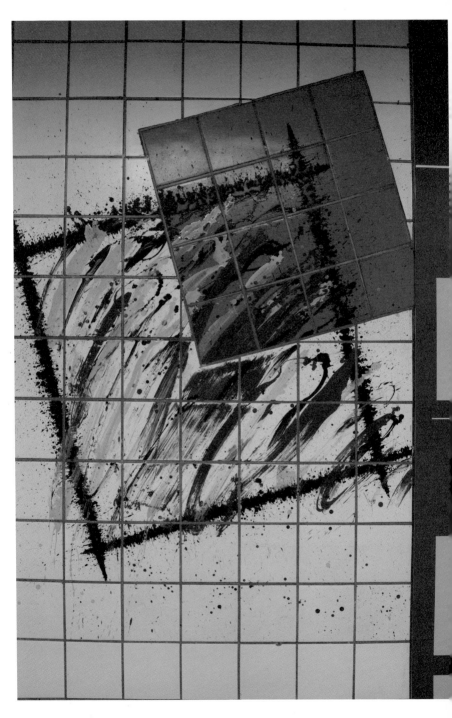

마음 지치고 나약해질 때

마음 지치고 나약해질 때
주님의 도우심을 구합니다.

주님! 저와 함께하옵소서.
주님! 저의 길 인도하옵소서.
저의 길은 주님께서 함께하시는 길이오니
주님! 제가 주님의 복음을 전하며
주님의 이름을 기뻐 부릅니다.

주님! 저와 함께하옵소서.
저의 길 주님께서 인도하시고
저의 삶을 주님께서 돌보시옵소서.
주님! 저는 주님의 이름으로 기쁘고 또 기쁘오니
주님께서 저의 삶을 주님의 길로
주님의 저의 길을
주님의 소망의 삶으로 인도하옵소서.

주님! 저와 함께하옵소서.
주님! 주님께서 저의 길 인도하옵소서.

예수님의 십자가의 고난 묵상

십자가의 길을가자

길＿＿넷

PART

4

천선지의
외침

대편이
있다는 것
만으로도 든든합니다
언제나
당신곁에
있습니다

한 선지의 외침

1

기근이 오기 전에
빨리 주님을 찾고 찾을지어다.
주님의 위대하신 뜻을 깨달아 알지어다.
주님의 높으신 뜻과 사랑을
그분의 거룩하시고도 위대하시며 자애로우신 사랑을.
너희 성도들아 깨달아 알지어다.
공의와 정의, 진실과 사랑, 공의와 하나님의 사랑
이 길만이 살 길이요
이 길만이 생명의 길임을
너희는 깨달아 알지어다.

주님은 지극히 높으시고도 한없이 높으신
우리를 구속하신 위대하신 우리 주 하나님이시니
그분의 은혜와 진리의 말씀을 들을지어다.
재물에 눈이 어두워 보지 못하는 죄인들아!
지금 있던 그 자리에서 일어나
주님 앞에 무릎 꿇을지어다.
주님 발 앞에 엎드리어 회개의 눈물을 흘릴지어다.

주님은 지극히 높으시고 위대하신 하나님이시니
우리를 위하여 십자가 위에서 몸 버려 피 흘리셨고
우리를 위하여 친히 몸 버리시고 희생하시어
대속의 죽음을 죽으셨으니
그분께 엎드리어 빌지어다.
우매하고 어리석은 백성들아
위대하신 창조주 하나님을 기억하고
그분의 이름을 외쳐 부르며
그분께서 말씀하시는 음성을 들을지어다.

2

주님! 저희들을 용서하소서.
이 더럽고 추하며, 죄악으로 냄새나는
저희들을 주님께서 친히 살피시며 불쌍히 여기소서.
주님은 우리를 구원하실 유일하신 하나님이시오니
주님! 저희들이 주님께 부르짖어 기도합니다.
주님! 저희들을 보옵소서.
주님! 저희들과 함께하소서.

주님! 저희들의 일생을 굽어살피시어
전쟁과 기근의 소문에서
저희들을 강건하게 하옵소서.
주님께서 저희들을 굽어살피시어
저희들을 불쌍히 여기시고
이제 죄악에서 돌이켜
주님을 바라보는 저희들을 용서하시고 받으소서.

주님! 저희들은 주님 한 분만을 바라보오며,
오직 주님 한 분만을 기다리오니
주님이시여! 저희들을 불쌍히 여기소서.
이 죄인이 주님께 엎드리어 빌며 또 기도하오니
주님이시여! 저희들의 죄악을 용서하시고 도말하시어
온전히 주님의 사랑하는 제자들로
저희들을 쓰옵소서.

전쟁과 기근의 소리 들려도
저희들은 주님을 의지하며 주님을 사랑하오니
주님이시여! 저희들을 죄악에서 구원하소서. 건지소서.

저희들이 오직 주님 앞에 엎드리어
울며, 울며, 또 부르짖어 기도하오니
이 땅에 전쟁의 포화 소리 멈추고
주님의 십자가, 사랑의 기도 소리
울려 퍼지게 하옵소서.
주님! 주님께 간절히 간구하며 또 간구하오니
주님! 저희들의 기도를 들으소서.

3

너희 백성들아! 깨달아 알지어다.
주님의 살아계심을 깨달아 알지어다.
주님은 위대하신 하나님이심을.
주님 앞에 엎드려 눈물로 회개하며,
주님의 도우심의 사랑을 구할지어다.
주님은 위대하신 하나님이시오니
이 세상에 그 무엇이 주님보다 귀하랴.
주님은 사랑이시니
우리를 죄악에서 건지시고
우리를 주님의 품안으로 이끄신다는 사실

깨달아 알지어다.
너희 불쌍한 영혼들아!
주님의 부르심의 소리를 듣고
깨달아 알지어다.

주님은 사랑이시니
우리를 죄악에서 건져내시고,
우리의 죄악을 사유하시는 분이시니
우리 모두 주님 앞에 나아가
주님께 무릎을 꿇자.
주님의 위대하심을 찬미하자.
우리의 죄악을 소멸하실 분은
오직 우리의 주님! 예수 그리스도 한 분뿐이시니
우리 모두 우리 주 예수님의 이름으로 오시는
성령님의 능력을 힘입어 기도하자.

우리 모두 그분의 도우심을 바라보자.
그분께 엎드리어 회개하며 간구하며 나아가자.

4

주님만이 우리의 살 길이니
주님만의 우리의 구속주가 되신다는 사실.
우리 모두 나가서 외치며,
우리 모두 그분께 돌아가자.

이 세상의 재물과 명예와 욕심 버리고
주님께 엎드리어 빌자.
더럽고 추하며 냄새나는 우리의 영혼을 씻고
주님께 나아가자.
주님께 엎드리어 빌자.
주님만이 우리의 구세주!
우리를 구원하실 분!
우리의 한 분뿐인 주님이시라는 사실!
우리 모두 나가서 외치자.
그분께 나아가자.
주님! 저희들을 용서하소서.
저희들의 믿음 없음을.
저희들의 죄악 가득함을.

쾌락과 탐욕, 피로 물든 이 세상의 재물과 함께
이 세상의 하찮은 것에
우리의 영혼을 두었음을 용서하소서.
주님! 주님만이 우리의 구원이시니
주님! 저희들을 불쌍히 여기소서.

주님! 저희들은 주님만을 의지하오니
주님! 저희들을 주님의 길로 인도하소서.
주님의 길만이 우리의 살 길이오니
주님! 저희들을 보옵소서.
주님! 저희들이 주님께 엎드리어 빌고 또 비오니
저희들이 우리의 죄악을 회개함을 친히 보시어
저희들을 굽어살피소서.
이 땅에 평화를 허락하소서. 아멘.

이 땅과 교회를 위한 기도

1

주님! 이 땅의 추악함을 보소서.
주님! 주님의 이름으로 모이는 주님의 백성들이
세상의 길에 빠져 세상에 타락함을 보소서.
주님! 이 땅을 불쌍히 여기소서.
주님의 교회에 말씀과 복음이 사라짐을 불쌍히 여기소서.
성도들은 세상의 재물에 눈이 어두워
서로 다투며 사나워지고
인생을 세상의 즐거움과 쾌락에 내 맡김을 보소서.

주님! 이 땅을 불쌍히 여기소서.
주님! 주님께서 이 땅을 사랑하시어
주님의 교회의 지도자들을 갱신시키시고
오직 진실하게 주님을 사모하며 사는 이들을
주님의 이름으로 이 죄악에서 건져내소서.
주님! 정직한 이들이 주님을 사모하게 하시고
교회가 회개하며 바르게 주님께 나아가게 하소서.

주님! 저희들은 두렵고 떨립니다.

진실로 주님을 사모하며 사랑하는 이들이
세상에 설 자리가 없어 고통 당함을 보시고
거짓과 죄악으로 가득한 이 세상에서
진실로 주님을 사랑하는 이들이
갈 길 몰라 방황하며 고통 당함을 보소서.
주님! 주님을 사랑하는 이들을 구원하소서.

2

주님! 슬픔과 죄악의 소리 들립니다.
수많은 사람들이 노래하지만
그들의 그 노래 속에는
온갖 거짓 입술과 탐욕과 죄악으로
달콤하고도 현란한 춤과 요란한 몸짓으로
우리 주님을 사랑하는 이들을 현혹시킬
그런 춤과 노래들을 뿐입니다.

주님! 주님의 신실한 사람들이
저 어둠 속에 숨어서
주님의 위대하심과 그 높고 높으심을

찬송하는 소리 들으소서.

교회의 지도자들이 온전히
주님의 말씀 아래 있도록 허락하시고,
부패와 위선의 죄악에서 벗어나
회개하며 주님께 나아가
주님의 부르심의 소리에 귀 기울이게 하소서.

3

주님! 사회의 지도자들을 불쌍히 여기시어
그들의 탐욕이 얼마나
주님의 뜻에서 벗어나 있는지 살펴보게 하시어
주님을 두려워하며 떨게 하소서.

주님을 섬기며 진리를 사랑하는 이들을 기뻐 받으시어
또한 이들이 고통 받고 있음을 살피시고 기억하시어,
백성들을 그릇된 길로 소경의 길로 인도하며
사리사욕에 넘쳐나는 지도자들을 몰아내소서.

주님! 저희들은 주님의 위대하심으로
심히 두렵고 떨리어
주님께 엎드리어 기도하며 또 간구합니다.
주님! 영광과 찬미 받으소서.
이 땅에서 주님을 예배하며 찬미하는 무리들을 보시고
그들의 심중에 주님께서 살아계시어
주님의 위대하심을 나타내시며,
주님을 사랑하는 성도들이 죄악에서 돌이켜 회개하며
주님께 나아가게 하소서.

4

주님이시여! 영광과 찬미 받으소서.

주님은 높고 또 높으시어

빛나는 영광 가운데 계신

지극히 높고 위대하신 하나님이시오니

주님! 이 땅에서 주님을 섬기며 사랑하는

주님을 기다리는

신실한 주님의 사람들을 사랑하시고 기억하소서.

교회에서 잘 났다고 떠드는

그릇된 성도들의 모습을 살피시어

사리사욕에 눈이 어두워

진실로 주님을 사랑하는 이들을 멸시하는

그들의 추악한 눈동자를 바라보소서.

5

주님! 진실로 주님을 사랑하는 사람들
주님께 엎드리어 회개하며
소리쳐 주님을 높이며 사랑함을 보소서.
그들은 진실로 주님의 사람들이니이다.
주님께 나아와 회개하며, 엎드려 주님께 아뢰는
주님의 신실한 백성들은 말이 없고
주님 앞에 엎드려 울부짖으며
오직 주님의 간절한 도우심을 구할 뿐이니이다.

주님! 주님의 이름조차 부를 수 없는

이 낮고 천한 죄인이
주님 앞에 엎드리고 또 엎드리어
주님께 간구하옵나이다.
주님! 우리의 죄악을 용서하소서.
죄에 빠질 수밖에 없는
우리 연약한 영혼을 받으시어
주님께서 주님의 이름으로 보내시는 성령님으로
우리를 연단시키시고 단련하소서.

6

주님! 영광과 찬미 받으소서.
주님! 주님께서는 위대하시고도 위대하시며
또 지극히 거룩하시고 또 높고 높으신
위대하신 우리 주 하나님이시오니
주님! 영광과 찬미 받으소서.
주님! 찬송 받으소서.

주님! 특히 이 땅에서 특히 주님의 진리를 잃어버린
주님의 이름으로 나서는

주님의 교회의 목회자와 지도자들을 살펴보시어
그들을 죄악에서 돌이키도록 회개시키시고
뼈아픈 성도들을 돌보게 하시어
오직 주님만을 사랑하게 하소서.

이 추악하고 더럽고 부끄러운 죄인이
주님 앞에 엎드리고 또 엎드리어 간구하오니
주님! 저의 죄악을 주님의 보혈의 피로 씻기시어
저를 죄악에서 거듭나게 하시며,
새로운 이름으로 일어나
주님의 영광만을 찬미하게 하소서.

주님의 살아계심과 주님의 높고 위대하심을
주님! 제가 온 땅에 나가서 전하오리니
주님이시여! 제게 용기주소서. 힘주소서.
주님의 성령님을 제게 한량없이 부으시어
제가 이 땅에서 주님만을 전하며 살게 하소서.

7

오! 자비로우시고, 위대하신 주 하나님이시여!
이 땅을 보소서.
이 죄악 가득한 이 땅을 불쌍히 여기소서.
주님! 주님을 사모하며 사랑하는 이들을
주님께서 살피시고 불쌍히 여기시어
이 땅에서 더러운 죄악을 몰아내소서.
정직하고 진실하게 주님을 섬기는 이들이
온전히 주님만을 섬기며 살 수 있도록
주님의 이름으로 이 땅을 정화시키소서.

주님! 제가 주님께 또 간구합니다.
주님을 사랑하는 신실한 목회자들을 일으켜 세우시어
주님을 사랑하는 이들이
마음 놓고 건강하게 주님을 섬기게 하소서.

주님은 자애롭고 한없는 사랑의 주님이시니
저희들의 죄를 속량하시기 위하여
십자가 위에서 친히 대속의 죽음을 죽으셨으니

한 점 흠조차 없는, 한 점 티끌조차 없는
그 맑디 맑은 몸으로 저희들을 위하여
주님께서 친히 십자가 위에서 피 흘리셨으니
주님! 제가 주님의 모습을 보나이다.
주님! 제가 주님의 얼굴을 뵈옵나이다.
주님! 저를 받으소서. 주님! 저를 기억하옵소서.

주님! 이 죄인이 주님께 엎드리어 간구하오니
주님! 이 땅을 추악하고 더러운 죄악에서 건져내소서.
주님을 사랑하는 이들이 정직하고 올바르게
진실로 주님을 섬기고 사랑하는 마음으로
주 하나님을 섬기며 찬미케 하소서.

우리 주님! 예수 그리스도!
거룩하시고도 위대하신 주 하나님이시여!
주님의 그 크시고도 크신 사랑이
늘 저희들을 감싸소서.
주님의 이름으로 보내시는 보혜사이신 성령님께서
친히 저희들을 돌보소서.

8

주님! 주님께 간절히 간구하며 또 간구하옵나이다.
주님! 영광 받으소서. 주님만이 홀로 높아지소서.
온 땅에서 주님의 음성 드높이 들려지시기를
저희들이 두 손 들고 주님께 간절히 기도드리오니
주님이시여! 주님만이 영광 받으소서.

주님! 제가 드리는 기도 소리 들으소서.
주님! 주님만이 늘 높아지소서.
우리에게는 오직 주님 한 분뿐이오니
주님! 영광 받으소서.
주님만이 오직 한 분!
우리를 구원하실 주님이시오니
주님이시여! 홀로 영광과 찬미 받으소서. 아멘.

**지금은 우리 모두 기도할 때입니다. 교회와 성도 모두 회개하며 주님께 나
갈 때입니다. 우리나라와 주변국가의 정세가 그렇습니다. 거룩한 주님께
회개하며 주님의 뜻을 구할 때입니다. 우리 모두 주님께 엎드려 기도합시
다. 간구합시다.**

주님의 사랑을 노래하세

주님의 사랑을 노래하세.
주님의 그 크신 사랑을 찬양하세.
십자가에 몸 버려 피 흘리신
주님만이 우리의 구주가 되시니
예수 그리스도! 우리 주님의 이름을 찬양하세.
하나님의 외 아드님! 친히 어린 양 희생제물이 되시어
저희들을 죄와 죽음에서 건져내셨으니
주님! 주님의 위대하신 이름을 찬미하세.
주님! 영광 받으소서.
주님! 찬미 받으소서.

저희들의 인생의 모든 것을 보시고
저희들을 살피시고 인도하시는 주님!
저희들이 살아계신 주 하나님을 찬미합니다.
지극히 위대하시고 또 지극히 위대하신 아버지 하나님!
온 땅에 주님의 빛 나타내소서.
주님께 영광과 찬미 드리오니
위대하신 영광의 주 하나님!
저희들이 드리는 찬미 소리 들으소서.
주님의 영광 나타내소서.

이 땅의 평화를 구하는 기도

주님! 이 땅의 황무함을 보소서.
주님은 크시고 위대하신 분이시니
주님! 제가 주님 앞에 엎드려 눈물로 기도합니다.
주님! 보소서.
온 땅에 전쟁의 포화 소리 들리고
열강들은 나라의 앞날보다 자국의 이익을 추구합니다.
주님! 주님은 높고 높은 분이시니
주님! 이 땅을 보시고 굽어살피시어
주님! 이 땅에 평화를 허락하소서.

이 땅을 구하실 분은 오직 주님 한 분뿐이시니
주님! 제가 주님께 엎드려 한없이 높은 목소리로
주님께 간절히 기도합니다.
주님! 이 땅을 불쌍히 여기소서.
주님! 저를 불쌍히 여기소서.
저의 일생을 돌보시고 인도하시는 주님!
저를 죄악에서 건지시고, 저를 붙드시는 주님!
주님! 제가 주님께 간구하오니
주님! 주님의 도우심이 필요합니다.

주님! 주님께서 함께하시지 아니하시면
저희들은 이 땅에서 구원함을 받을 수 없고
주님! 주님께서 저희들과 함께하시지 아니하시면
저희들은 죄악에서 벗어날 길이 없습니다.
주님! 죄악 많은 이 땅을 용서하소서.

주님! 주님만이 우리를 구원하실 주님이시오니
주님! 저희들을 살피시고 살피시어
저희들을 불쌍히 보시어
저희들을 주님의 길로 인도하소서.
주님! 저희들을 애련히 여기시어
저희들을 주님의 길 가운데 있게 하소서.

사랑이 많으시고, 지극히 자비하신 하나님!
이 땅에 주님의 평화를 허락하소서.
주님만이 구원이시요 능력이시니
주님만이 오직 우리를 구원하실 주님이시니
주님! 영광 받으소서! 주님! 찬미 받으소서.

온 땅에서 기근과 고통의 소리 들려도
나는 주님의 이름을 기뻐하며 의지하리라.
주님은 지극히 자비로우시고
우리를 구원하실 오직 한 분 주님이시니
나는 주님의 이름을 높이며 그분만을 의지하리라.
주님! 영광 받으소서. 주님! 찬미 받으소서.
주님! 제가 주님의 이름을 드높이 외치오니
주님! 영광과 찬미 받으소서.
주님의 이름! 온 땅 위에 더욱 높아지소서.

주님! 저희들을 불쌍히 여기소서.
주님! 주님의 이름 온 세계만방에 드러내시어
주님의 영광 나타내소서.
저는 눈물로 주님 앞에 엎드려 회개하며 울부짖사오니
주님! 제가 주님께 간구와 간구를 더하오리니
주님! 이 땅에 주님의 사랑 베푸소서.
이 땅에 살아가는 가련한 인생들을 불쌍히 여기시어
주님의 진노의 잔을 거두어 주소서.

주님! 이 어두운 세상의 주님의 평화를 허락하소서.
주님을 사랑하는 주님의 가련한 자녀들이
주님 한 분만을 바라봄을 기억하옵소서.
십자가 위에서 피 흘리시며
우리를 죄악에서 건져내시기 위하여
죽기까지 우리를 위하여 희생하신 주님!
주님 저희들을 보옵소서.
애련하고 가난한 저희들을 보옵소서.
오직 주님만이, 오직 주님의 손길만이
이 더럽고 추악한 죄악에서
저희들을 건져내실 수 있사오니
주님! 이 가련한 저희들을 굽어살피시고,
이 땅에 주님의 평화 허락하소서.

주님! 제게 응답하소서.
주님! 제게 속히 응답하소서.
이 어두운 세상에서
주님께 꿇어 엎드리어 간구하는
주님의 종들의 기도 소리 들으소서.

주님! 주님이 아니시면
그 어느 것도 이 땅에서 살아남을 수 없습니다.
주님! 주님의 도우심이 아니시면
저희들은 주님을 배반한 이 죄악에서
결코 건짐을 받을 수 없습니다.
주님! 주님의 도우심이 필요합니다.
주님! 저희들을 돌보소서.
주님! 주님을 사랑하는 사람들에게
주님의 평화 허락하소서.

주님! 주님께서 주시는 평화는
이 세상에서 주는 평화가 아니요
오직 주 하나님께 예배드리는
그 즐거움과 안식입니다.
주님! 보옵소서.
오직 주님께서 저희들에게 베푸시는
주님의 사랑과 평화를 기다립니다.
주님께서 값없이 주시는 은혜와 사랑이 아니고는
그 어느 것도 우리에게 평화를 허락할 수 없사오니

주님! 저희들에게 은혜 베푸소서.
주님! 저희들에게 주님의 자비하심 나타내소서.

주님! 저희들은 주님 없이 살 수 없사오니
주님이시여! 저희들을 보옵소서.
주님의 자비로운 손길을 기다리는
저희들을 보옵소서.
저희들을 불쌍히 여기소서.
주님이시여! 저희들은 주님의 이름을 기뻐하고
오직 주님 한 분만을 기뻐하며 또 기뻐하오리니
주님! 저희들을 주님의 이름으로 기뻐 받으시어
저희들이 주님을 찬미하는 소리 들으소서.

사랑이 많으시고 은혜로우시며,
지극히 자비하신 하나님!
저희들을 굽어살피시어, 저희들을 보옵소서.
주님의 그 거룩하시고 자비하신 사랑을 따라
저희들은 엎드리고 엎드리어
주님께 비옵니다.

주님! 이 땅에 평화 허락하소서.
주님께서 주시는 평화! 저희들에게 허락하소서.
그리하여 온 세상이 주님의 그 크신 사랑을
알게 하소서. 깨닫게 하소서.

주님! 주님만이 영원히 우리의 주님이 되시오니
주님! 주님께서 저희들에게 사랑과 자비 베푸소서.
값없이 주시는 주님의 은혜
저희들에게 베푸소서.
이 땅에 주님의 평화 허락하소서.
주님만이 이 땅의 주인이 되옵소서.

주님의 구원하심을 바라는 기도

오! 영화로우시고 자비로우신 하나님!
저는 두렵고 떨립니다.
저는 두려워합니다.
전쟁의 포화소리 들리고, 온 세상에 포화소리 들리는
그날이 두려워집니다.

주님! 이 땅을 보소서.
주님! 이 죄악 많은 세상에서
주님! 주님의 사랑하는 사람들이
고통 가운데 살아감을 보옵소서.
주님! 주님의 사람들을 돌보소서.

이 세상에 아무리 저희가 외친들
이 세상의 사람들
우리 주님의 소리 들으오리이까?
주님! 믿음의 사람들을 세우소서.
주님! 주님의 사랑하는 사람들을 일으켜 세우소서.

피폐해진 나라의 한 가운데
피폐해진 저의 영혼이 주님을 향해 울부짖습니다.
주님! 보옵소서.
저희들이 주님의 도우심을 필요로 합니다.
주님! 저희들을 이 죄악에서 구하소서.
이 추악하고 죄악된 세상에서 건져내소서.

주님! 저는 오직 주님만을 위하여 살겠사오니
주님! 저희들의 영혼을 받으시고 응답하소서.
찬란한 빛 가운데 거하시는 주님!
저희들이 거룩한 두 손을 들어
위대하시고도 거룩하신
주 하나님을 뵈옵기를 간구합니다.

주님! 이 땅에 주님의 평화 허락하소서.
저희들의 인생을 돌보시고 인도하시는 주님!
주님만이 우리의 구원이 되시며
진실한 우리의 믿음이 되시오니

주님! 저희들을 죄악에서 구해내소서.

주님! 온 땅에서 주님의 이름 높이소서.
주님만이 영광을 받으소서.
저희들을 죄에서 건져 내소서.
주님의 사랑으로 저희들을 돌보소서.
주님의 위대하신 이름을 저희들에게 나타내소서.

주님의 구속의 은혜를 구하기 위한 기도

황혼이 있는 들녘엔 평안의 소리 들리지만
아직은 알 수 없습니다. 주님의 뜻을.
주님께서는 이 땅에 평화를 심기 원하시지만
사람들은 포학하고, 세상의 탐욕으로 얼룩진 이 땅을
측은한 눈빛으로 바라보시고 계십니다.

주님! 저희들을 도우소서.
수많은 가련하고 연약한 믿음의 사람들을 보옵소서.
오직 정의와 공의의 이름으로
저희들을 보살피시고 돌보시는 주님!
주님께서 저희들을 지키시옵소서.

우리 주님! 저희들은 오직 주 하나님만을 믿습니다.
주님께서는 위대하시고 지극히 높으시니
저희들이 주님을 이름을 높이 불러
주님의 영광을 찬미하고 또 찬미하나이다.
주님이시여! 영광 받으소서.

우리 주님! 저희들은 주님의 이름을 부르고 또 부릅니다.

위대하신 주 하나님이시여! 이 땅을 불쌍히 여기소서.
저희들은 주님의 이름만을 높이 불러
주님께 눈물로 간구하며 또 간구합니다.
저희들이 엎드리어, 회개하며
우리의 얼굴을 주님께로 돌리는 모습을 보옵소서.

지극히 위대하시고 자비로우신 주 하나님이시여!
이 땅에 주님께 부르짖어 기도하는 이들을 보옵소서.
나라와 믿음의 사람들의 안녕을 위하여
기도하는 믿음의 사람들의 기도 소리를 들으시옵소서.

주님이시여! 저희들이 엎드리어
이 땅의 죄악을 회개하며,
우리의 죄악을 소리 높여 주님께 고백합니다.
지극히 사랑이 많으시고, 자비로우신 주님이시여!
저희들이 주님께 간구함을 들으소서.

오직 주 위대하신 하나님!
오직 주님 한 분만이

우리를 죄악에서 건져내실 주 하나님이시오니
주님! 저희들이 주님께 부르짖는 소리 들으소서.

온 땅에서 기근의 소리 들리고
죄악으로 고통 받는 믿음의 성도들의 소리 들리니
주님의 은혜와 자비로우심으로 이 땅을 치유하소서.
주님의 사랑과 주님을 향한
부흥의 물결이 일어나게 하소서.

주님이시여! 저희들이 주님께 부르짖는 소리 들으소서.
온 땅에서 온 땅에서 주님의 영광 높아지소서.
믿음의 사람들이 주님께 부르짖어
우리의 사정을 아뢰오니, 주님이시여! 응답하소서.
저희들을 죄악에서 건져내시어
오직 주님 한 분만을 찬미하며 사모하게 하소서.

주님! 영광과 찬미 받으소서.
주님께 눈물로 부르짖는 저의 기도 소리 들으소서.
우리 주님! 주님은 오직 영광과 찬미를 받으실

오직 한 분뿐인 우리의 주님이십니다.
주님! 온전히 자비로우시고 살아계신 주 하나님께서
저희들이 주님께 부르짖는 기도 소리 들으소서.

주님! 오직 저는 주님만을 위하여 살겠사오니
주님의 영광과 은혜만을 찬미하겠사오니
주님이시여! 영광과 찬미 받으소서.
십자가 위에서 저희들을 구속하시기 위하여
그 보배로우신 피를 흘리신 주 하나님이시여!

저희들을 위하여 하나뿐인 외 아드님을
낮고 천한 이 땅에 친히 보내시어
저희들을 죄악에서 건져내신 우리 주 하나님이시여!
진실로 주님만이 우리의 구속주 하나님이시오니
주님! 오직 주님만이 이 땅에서 높아지소서. 아멘.

우리가 살아가는 이유

아버지 하나님! 우리 그리스도인이 살아가는 이유는
이 세상의 사람들의 삶의 방식이나 목적과는 다릅니다.
주님의 살아계심을 믿고, 주님의 은혜를 믿는
우리 그리스도인들의 삶은
주님께서 걸어가신 십자가의 삶 그 자체입니다.

늘 울어야 하고, 늘 슬퍼해야 하며,
늘 주님 때문에 애통하는 마음을 가져야 합니다.
주님! 이것이 저희 그리스도인의 삶입니다.
주님! 주님께서 저를 인도하시고, 저와 함께하옵소서.

우리 인생은 주님의 것이오니
주님은 위대하신 우리 주 하나님이시오니
주 하나님의 살아계심과 주님의 능력과
주님의 은혜를 믿기에
저희들은 주님께 나아와 저희들의 슬픔을 고백합니다.

죄 많은 우리 인간들을 위하여
십자가 위에서 몸 버려 피 흘리신

우리 주 예수 그리스도시여!
저희들이 주님 발 앞에 꿇어 엎드려
이 나라의 안녕을 위하여
저희들이 주님들이 주님께 나아와 간구하오니
주님! 저희들의 부르짖음을 보옵소서. 들으소서.

주님을 사랑하는 신실한 성도들이
주님 전에 회개하며 엎드리어
주님께 부르짖어 기도함을 보옵소서.
주님은 위대하시고 또 위대하신 우리 주님이시오니
주님! 주님만이 영광과 찬미 받으소서.

온 땅에서 높아지시고 또 높아지셔야 하실
우리 주 하나님이시여!
저희들이 주님께 엎드려 기도함을 보옵소서.
저희들이 부르짖는 소리 들으소서.

사람들은 평안하다 평안하다 오늘의 평안을 외치지만
저희들은 주님의 손길을 기다리며,

위대하신 주 하나님의 뜻을 기다리고
또 기다림을 보옵소서.

주님의 십자가의 손길이 두려워
저희들은 오직 주 하나님께 엎드리어
이 땅의 죄악을 회개하며,
주님께 부르짖음을 기억하옵소서.

위대하시고 또 위대하시며,
지극히 높으신 우리 주 하나님이시여!
주님을 믿고 따르는 우리 그리스도인들이
이 땅의 죄악을 회개하며,
주님께 부르짖는 소리 들으소서.

이 땅에 기근을 제하시고
우리가 살아가는 이유가
오직 살아계신 주 하나님의 영광을 전하여야 함을
저희들이 깨달아 알게 하옵소서.

주님께서는 그 크시고 크신 사랑으로
십자가 위에 몸 버려 피 흘리시고
저희들의 죄악을 용서하셨사오니,
주님께서 십자가 위에서 흘리신 그 보배로운 피로
우리의 죄악을 속량하시고 또 속량하셨사오니,
주님이시여! 십자가 위에 달려 돌아가신
우리 주 하나님이시여!
저희들이 엎드려 주님께 간구함을 들으소서.

주님께서 저희들이 주님을 기억함을 들으시어
주님의 영광만을 저희들이 찬미하게 하옵소서.

주님! 저희들은 오직 주님의 영광만을 찬미하오리니
주님만을 사모하며 또 사모하오리니
주님이시여! 영광 받으소서. 찬미 받으소서.

이 땅의 죄악을 속히 속량 받기 위해
주님 앞에 엎드려
주님께 기도드리며 또 기도드리는

저희들이 골방에서 부르짖는
저희들의 기도 소리 들으소서. 아멘.

주님을 사랑하는 길

주님께서 십자가에 못 박히시어 운명하시니
주님께서 십자가 위에서 거룩하신 보배 피 흘리신
속죄 양 되신 주님의 보배 피로
저의 죄악이 씻김을 받습니다.
주님! 제가 주님의 십자가를 사랑함은
주님께서 저를 위해 희생하신 고난의 자리
주님께서 대속의 죽으심을 당하신
그 자리가 바로 주님의 십자가이기 때문입니다.

주님! 제가 주님의 십자가를 바라봄은
오직 좁은 길을 주님을 향해 걸어가는 것
주님! 제가 주님을 사랑함은
이 타락한 세상을 버리는 것.
이 세상은 주님이 계신 곳이 아니오니
주님! 제가 주님을 사모하며 사랑합니다.

주님! 저를 용서하소서.
주님! 저를 주님의 품으로 인도하소서.
주님! 저의 인생의 길을 주님께서 보살피소서.

저를 보호하시고 저를 인도하시는 주님!
주님! 저의 인생길 주님께 의탁하오니
주님! 주님께서 저의 가는 길 살피소서.

주님! 주님을 사랑하는 길은
이 세상을 버리는 것이오니
주님! 제가 이 세상을 멀리하여
오직 주님만을 사랑하며 살게 하소서.
주님! 제가 오직 주님만을 섬기며
주님만을 의지하며 살게 하소서.
주님! 제 인생이 진실로
주님만을 사모하며 사랑하며 살려합니다.

주님은 사랑

주님은 한이 없으신 사랑!
사랑! 그 자체.
주님의 그 무한하신 사랑을 바라봅니다.

주님! 주님께로부터 뿜어 나오는
그 환한 빛과 사랑!
주님의 그 크시고도 위대하신
사랑의 얼굴!
주님을 우러러 뵈옵니다.

우리의 죄악을 사하시려고
십자가 위에서 몸 버려 보배 피 흘리시며
우리에게 자비와 사랑을 베푸신 주 하나님을
주님! 사모하며 사랑합니다.
주님! 찬미와 영광 받으소서.

주님! 주님은 위대하신 주 하나님이시며
주님은 그 거룩하신 사랑이시니
주님! 저희들이 거룩한 두 손을 들어

거룩하신 주님을 찬미합니다.

주님! 찬미 받으소서. 주님! 영광 받으소서.

주님! 제가 주님을 사모하며 사랑합니다.

저희들을 죄 가운데서 건지시며

저희들을 친히 몸 버리시며 사랑하신

주님의 그 크신 사랑을 사모하며 사모하오니

이 죄인이 주님께서 엎드려

주님의 지극히 높으심을 경배합니다.

주님! 저를 받으소서.

주님께서 계신 지극히 높은 그곳에서

한없는 사랑으로 저희들을 돌보시니

주님! 저희들이 두 손을 들어

주님을 찬미합니다.

주님! 영광 받으소서.

위대하신 주 하나님! 찬미와 영광 받으소서. 아멘.

늘 주님의 사랑 노래해

저희 인간을 죄와 죽음에서 구해내시기 위해
주님의 몸을 친히 십자가 위에서
우리를 위한 죽음의 대속 제물로 드리시니,
주님의 그 크신 은혜로
저희들이 더럽고 추한 죄악에서 놓임을 받아
주님의 한없는 자비와 사랑! 감사와 찬송 드립니다.
주님! 영광 받으소서.
저희들이 주님께 드리는 감사와 찬미 받으소서!

주님의 그 크시고도 위대하신 이름을
늘 찬미합니다.
저희들을 위해 몸 버리신
위대하시고도 거룩하신 주 하나님의 이름을
늘 찬미합니다.
늘 노래합니다.

저희들이 오직 주님께 드릴 것은
감사와 찬미!
주님께 존귀와 영광, 감사와 찬송만을 드릴 뿐!

주님! 영광 받으소서.
주님! 감사와 존귀 받으소서.

후기

예수님은 우리를 위하여 십자가 위에서 몸 버려 피 흘리셨습니다. 우리 죄를 구속하시기 위해 그분의 흠 없고 티 없는 거룩한 몸을 우리를 위하여 속죄제물로 드리셨습니다.

주님께서 십자가의 고난을 당하심과 그분의 보배 피를 흘리심을 노래하는 것은 우리 성도의 기쁨과 즐거운 일입니다. 그분 안에서 우리의 자유를 누려봅시다. 그분을 찬양하는 즐거움과 기쁨을 진정으로 만끽해 봅시다.

주님께서는 우리를 위해 십자가 위에서 보배 피 흘리셨으니, 우리가 영원히 찬양할 이름은 예수 그리스도! 우리 주님! 한 분뿐이십니다. 주님보다 더 기쁜 소식 어디 있겠습니까? 주님보다 우리를 더 살피시고 사랑하는 이 어디 있겠습니다.

우리를 구원하신 주님을 찬양하는 일은 늘 즐거움입니다. 주님의 사랑으로 얻는 우리의 삶의 기쁨이 진정 성령으로 충만하게 넘쳐나기 때문입니다. 주님의 십자가의 보혈을 찬송하는 일은 진정 즐거움이며 기쁨입니다.

연수 **박 갑 헌**

- 기독교서예협회 초대작가
- 대한민국제물포서예대전 초대작가
- 한중서예대전 초대작가
- 대한민국화홍서예대전 초대작가
- 묵향회원(현)
- 산돌회원(현)
- 복지대학 서예강사역임

오직 예수 그리스도의 복음을 전하기 위하여 믿음의 사람들이 '하나님을찾는사람들선교회(God Seekers, 갓시커)'를 결성하였습니다. 예수 그리스도의 구속의 은총을 전하고자 만든 이 책자를 통하여, 하나님의 그 크신 사랑과 십자가에 달려 돌아가신 우리 주 예수 그리스도의 구속의 은총을 이웃에게 전해 주시기 바랍니다.

글·사진 **이일화**

은 혜교회 교육목사. 서울신학대학교를 졸업하고 서울시립대학교 도시과학대학원과 경영대학원에서 수학하여 도시계획학석사, 경영학석사 학위를 취득하였다.

　　문서선교 사역과 함께, 현재 은혜교회에서 한나회(65세-90세)와 10여년 이상을 함께하고 있으며, 「하나님을 찾는 사람들」 토요성경공부 모임을 운영하고 있다.

　　저자는 새신자 양육을 위한 프로그램 개발과 교육자료 개발, 성경연구 등을 통한 교회교육과 문서선교, 평신도들의 신앙성장 등에 각별한 관심을 갖고 있다.

　　저서로는 새신자 교육과 전도용 책자인 『나는 예수님을 어떻게 믿는가?』, 새 신자와 평신도를 위한 성경교리핸드북 『하나님을 찾아가는 길』과 그 증보판 『기독교 교리 알고 보면 쉬워요』, 그리스도인을 위한 신앙생활지침서 『주기도문·사도신경·십계명』, 기도 시편 『내 마음의 기도 소리』, 『예수님의 십자가』 외 전공논문과 시집 등 다수의 책들이 있다.

초판_ 1쇄 발행

발행일_ 2022년 9월 1일

만든 사람들_ God Seeker
하나님을찾는사람들선교회

글쓴이_ 이일화

캘리그라피·그림_ 박갑헌

편집디자인_ 김시우

펴낸이_ 조정애

펴낸곳_ 유림프로세스

등록번호_ 제 2013-000003호

등록일자_ 2013년 1월 7일

정가: **15,000원**

ISBN: **978-89-98771-18-8**